JN439692

이현희수필집

몰입은 연애다

이 현 희

울산 출생
2009년 〈에세이플러스〉로 등단
한국산문작가협회 회원
E-mail:hhlb@naver.com

이현희 수필집
몰입은 연애다

초판인쇄 2011년11월 05일
초판발행 2011년11월 10일

지은이 이현희
발행인 서정환
편집인 백시종
주 간 채문수
편집국장 김정례
편집차장 박명숙
편 집 권은경 김미림

펴낸곳 도서출판 계간문예
주 소 서울시 종로구 익선동 30-6 운현신화타워 207호
전 화 02) 3675-5633
등 록 2005년 03월 09일 제300-2005-34호
e-mail qmyes@naver.com

ISBN 978-89-6554-032-8 (03810)
값 12,000원

Designed by Park Rae Hoo · www.raehoo.com · 02) 742-9991

Printed in Korea

이현희수필집

몰입은 연애다

도서출판 계간문예

수필, 너는 내 어둠 속 한 줄기 빛,

그리고 내 오랜 상처의 치유제이며 행복의 날개였다.

그러므로 결코 놓을 수 없는 사랑이다.

비록 뼈아픈 창작의 시간을 다시 통과해야 할지라도.

너와의 시간들에 나는 참 많이 행복했고 고마웠다.

작가의말

수필, 너를 만나 나를 쓰다

수필, 우연히 그러나 운명처럼 나는 너를 만났다.

2009년 어느 봄날, 내 안의 가슴바다에서만 출렁이고 펄떡이던 오만가지 생각의 물고기들이 일시에 말문을 열었다. 마치 봇물 터지듯이. 글이 아니고는 도무지 헤어날 길 없는 깊은 어둠을 만났을 때 비로소 너는 내게로 왔고 기어이 나는 네게로 갔다.

글과의 연애, 그것은 기쁘고도 힘든 일이었다. 너를 쓰느라 지새웠던 많은 불면의 밤들은 정녕 붉은 고통이었다. 그렇지만 기대하지 않았던 때에 날아든 한 조각 단어로도 미완성의 퍼즐 같았던 글이 스르륵 풀려갈 때의 환희는 실로 파랑새였다. 그 기쁨을 어디에다 비할까. 너는 늘 내게 현실과 환상이 뒤섞인 보라 빛 꿈이었다.

고비가 없진 않았다. 내게 늘 창작의 고뇌를 주는 너로부터 벗어나고 싶었던 적, 있었다. 차라리 수필을 모르던 때로 돌아

가 온전히 너를 잊고도 싶었다. 물론 뜻대로 되지 않았다.

나는 매번 다시 돌아왔다. 이미 내 안의 깊은 존재가 되어 너를 통하지 않고선 보이지 않고 들을 수도 없으며 또 할 수 없는 말들이 있다는 것을 꼭 떠나본 후에야 알게 되었으므로. 나는 너를 쓰면서 사람을 더 많이 사랑하게 되었고 한결 긍정적으로 변했다. 지식적인 앎 보다 지혜를 그 어느 때보다 원했다. 무엇보다 삶을 좀 더 넓고 깊이 이해하게 되었다. 그리고 사유의 즐거움과 몰입의 단맛도 보았다. 그것이 내가 너를 이토록 사랑하는 까닭이다. 수필, 너는 내 어둠 속 한 줄기 빛, 그리고 내 오랜 상처의 치유제이며 행복의 날개였다. 그러므로 결코 놓을 수 없는 사랑이다. 비록 뼈아픈 창작의 시간을 다시 통과해야 할지라도. 너와의 시간들에 나는 참 많이 행복했고 고마웠다.

그럼, 이만 총총.

지난 2년 6개월여의 시간 속에 써 온 글들을 이 겨울 한 권의 책으로 묶었다. 나의 삶이 녹아든 이 수필집에서 단 한 사람이라도 작은 위안을 받을 수 있으면 좋겠다.

날카로운 듯 따뜻한, 그리고 세심한 가르침을 주신 임헌영선생님께 깊은 감사를 드린다. 한 분 한 분의 글이 다 나의 길잡이였던 한국산문의 모든 선후배 문우님들, 특히 책을 준비하는 내내 많은 힘이 되어 준 황경원님께 고마움을 전한다. 더불어 백시종대표님과 박래후화백님을 비롯한 계간문예 관계자 분들께도 감사드린다. 그리고 언제나 변함없는 사랑과 지지를 보내준 나의 신랑, 그대에게 가장 큰 고마움을 보낸다.

2011년 11월

이 현희

CONTENTS

2

나무가 화분이 된 사연

3

영혼에 든 피멍

내게 봄 같은 사람

몰입은 연애다

그림 박 래 후

1

침묵하라, 그러면 보일지니

진실이 진 자리에

따뜻한 그림자

침묵하라, 그러면 보일지니

내가 아는 작가 박민규

광대이자 예술인 공옥진을 말하다

내 안의 너, 네 안의 나

나는 너에게 반했다

진실이 진 자리에

2008년 12월 5일은 나의 또 다른 생일이다. 혈육이 던져준 고통으로 오랜 산고를 겪고서 비로소 나 스스로 다시 태어나기를 선언한 날이다. 나의 잉태를 도운 산파이자 배우였던 한 유명인과의 처음이자 마지막 만남이 그 계기였다.

내가 기억하는 2008년 10월 2일. 그 날은 이제 막 도착한 가을에게 여름이 작별을 고할 즈음이었고 배우 최진실이 자신에게 주어진 인생이라는 기차에서 내려 자살이라는 총알택시에 무임승차한 날이다. 그녀가 떠나버린 빈 정거장에서 나는 뒤늦게 깨달았다. 그녀는 내게 그저 수많은 배우 중의 하나가 아니었다는 것을. 물론 그녀는 나를 모른다. 그러나 배우 최진실이 걸어간 인생과 작품들에서 나는 얼마나 많은 위안을 얻었던가. 그녀는 내 오랜 마음의 친구였고 자매였으며 때로는 나 자신이기도 하였다. 그런 그녀를 차마 마지막 배웅도 없이 보낼 수는 없었다.

남편과 함께 도착한 그녀의 빈소에는 속내를 감춘 취재진들과 침통한 얼굴의 조문객들, 그리고 치명적인 방법으로 삶의 끈을 놓아버린 그 죽음 위로 수많은 짐작들과 의혹들이 떠다니고 있었다. 아주 좋거나 아주 나쁘거나 양자택일적 삶이었던 최진실의 개인사와 배우 인생은 어딘가 나의 것과 닮은 데가 있었다. 그래서일까? 그녀가 선택한 그 마지막은 가슴 저리게 이해되는, 그러나 원망스럽도록 안타까운 그 무엇이었다. 그런 이유로 그녀와의 작별은 그리 순조롭지 못했다. 사랑과 배신의 바다에서 표류하다 급기야는 인터넷과의 불화라는 해일을 만나 기어이 익사당한 최진실의 죽음에서 나는 내 자신을 보았다. 혈육이 나를, 혹은 내가 그들을 던져 넣은 고통의 바다에서 허우적거리던 지나간 내 시간들. 대포알이 가슴을 관통한 듯한 뚫림과 아픔에의 기억들이기에 세월이 흘러도 좀처럼 치유되지 못하고 있었다. 그 통증은 굵고 거친 소금으로 잘 재어져 여전히 내 기억의 냉동실에 채워져 있었다. 마치 유통기한이 지난 생선처럼.

늦은 밤 빈소에서 돌아온 나를 위해 책상은 가만히 의자를 내어주었다. 그리고 가슴엔 종이와 팬을 품고서 무언의 충고를 했다. 마음을 열어 하고픈 말들을 쏟아내라고. 그것이 쓰고자하는 욕구가 생긴 낯선 감정과의 첫 만남이었다. 그날 밤 나는 아주 오래간만에 나를 만나고 싶었으며 그녀와 얘기를 나누고 싶었다. 그러나 그것은 말로서는 이뤄지지 않는, 다만 글로서만이 가능한 대화였다. 가슴바다에서는 오만가지 생각의 물고기들이 출렁이고 펄떡이는데도 난 단 한 줄의 글도 쓸 수가 없었다. 가슴 언저리에서 새어나온 짠 소금물이 두 눈에 고이더니 급기야 거센 파도처럼 입 밖으로 터져 나와 통곡으로 나를 뒤흔들었다. 놀라서 뛰쳐나온 남편은 말없이 그의 손이 티슈가 되어 내 얼굴위로 범람한 소금물을 가만히 닦아주었다. 이제 그도 알고 나도 안다. 상한 생선은 냉동실이 아니라 쓰레기통에 버려야 한다는 것을. 그녀의 죽음이 내게 남긴 것은 서둘러 자기와의 소통을 하라는 경고였다. 또 때로는 시간이 해결해주기를 기다릴 수도 있어야 한다는 것이었다.

살다보면 행복한 순간보다 노엽고 슬픈 일이 더 많은 법이다. 그러므로 그것에 대처하는 우리들의 자세가 행복과 불행을 가르는 길목이다. 그러한 진실을 가장 필요한 때 놓친 그녀가 가여웠고 뒤늦게나마 안 내가 다행스러웠다.

그 사이 겨울 같았던 가을을 지나 가을 같던 겨울을 보내고 그렇게 마음의 시간이 역류한 지금, 나에게도 봄을 봄으로 맞을 수 있는 가슴이 열렸다. 이제 빈소에서 돌아온 그 밤에 내가 못 다한 처음이자 마지막 말을 그녀에게 전하련다.

'당신이 찬란하게 빛날 때 아름답다고 말해줄 것을, 당신이 휘청일 때 우리도 때로 휘청일 때가 있다고 말해줄 것을, 돈과 명성은 어느 선을 넘어버리면 그 달콤한 맛을 잃어버리고 다만 사라질까 두려워하는 마음만이 남아 사랑이, 그리고 친구가 다가와도 당신이 밀어내었을 때도 있었을 테고, 때로는 그들이 당신을 속일 때도 있어서 돈과 명성이 얼마나 당신의 삶을 구속했을지 조금은 안다고 말해 줄 것을, 인생이란 살아가는 것보다 살아내야 하는 그 무엇이고 기쁜 날보다 슬픈 날이 더 많은 법이어서 오래 기뻐하고 짧게 슬퍼해야 한다고 말해줄 것을, 또한 그 모든 것들이 시간 속에 다 지나가므로 차라리 맘껏 누리고 충분히 견디라고 말해줄 것을, 당신과 내가 사랑하는 모든 이들에게 또 나에게 조차 게을렀던 배려하는 마음과 내 무관심을 후회하고 있거늘…….

지금까지 당신에게 보낸 이 충고는 내가 나에게 들려주는 타이름이기도 하고 누군가에게 내가 듣고 싶은 조언이기도 하다. 그리고 오랜 세월 당신의 작품 안에서 당신이 내게 들려준 내용이기도 하다. 마지막으로 당신에게 하고픈 말은, '당신의 팬으로써 미안 합니다, 그리고 고마워요, 그래도 그래선 안 되는 거잖아요.' 라고.

진실이 진 자리에 새로운 진실이 자라고 있다. 내 안에서.

따뜻한 그림자

후드득, 빗물 듣는 소리에 잠을 깼다. 5월의 어느 새벽녘이었다. 정적이 주는 고요가 강물처럼 흐르고 방 안을 가득 채우는 비의 선율들. 참 평화로웠다. 그러다 스르르 든 생각, 오늘은 그림자를 볼 수 없겠구나였다.

그림자, 언제부터였을까. 내가 그녀, 혹은 그, 또는 그들을 인식하기 시작한 때가.

3년 전 사진의 신화, 앙리 카르티에-브레송의 사진집에서 〈생-라자르역 후문, 파리, 1932〉를 본 후부터인 것 같다. 그 외에도 그가 드러내놓은 그림자 세상에는 쓸쓸한 가운데 뭐라 말할 수 없는 따뜻함이 배어 있었다. 현실에서도 따스한 그림자를 만나고 싶었다. 그때부터 내 매일의 일상, 심지어 낯선 여행지에서 조차 늘 그림자들을 바라보기 시작했다.

그림자의 사전적 의미는 물체가 빛에 가리어 반대쪽에 나타나는 거무스름한 형상, 얼굴에 나타난 불행이나 근심 따위의 표정, 물이나 거울에 비치는 물체의 형상 등이다.

우리가 가진 그림자에 대한 이미지는 아무래도 부정적인 측면이 많을 것이다. 처음엔 나도 그랬다. 흔히 떠올리듯 누군가의 쓸쓸한 뒷모습을 따르는 그, 혹은 그녀의 그림자에서만 어떤 슬픔이 배어있는 건 아니다. 휘황찬란한 명품 대리석으로 몸치장을 한 너무도 높고 넓은 벽을 가진 도시의 빌딩들은 그 그림자조차 오만하다. 마치 완벽하고 빈틈없는

이의 그것처럼. 그래도 어쩔 수 없는 아니, 그래서 더 큰 고독의 그림자를 품고 있기도 하다.

검은 장막이 드리워진 무표정한 얼굴은 말하지 않는 말을 하고 빛 아래에서 눈물처럼 진해지며 빛 뒤에서 보다 더 많은 말을 한다. 그들은 어디에나 있고 누구에게라도 머무른다. 그러나 유심한 마음으로 보지 않으면 결코 들을 수 없는 음성의 소유자인 그들, 그림자.

현실에서는 볼 수 없었던 따뜻한 그림자를 한 권의 책을 통해 먼저 만났다. 마크 레비의 장편소설 《그림자 도둑》. 이 책의 주인공인 '나'는 특별한 재능을 가지고 있다.

타인의 그림자를 훔칠 수 있는 것이 바로 그것이다. 어떻게? 간단하다. 자신과 타인의 그림자를 쓰윽 겹치기만 하면 된다. 심지어 그들과 대화도 가능하다. 그러나 여기에서 그림자를 훔친다는 것은 타인의 어둡고 슬픈 내면과 '나' 의 내면이 서로 공감하고 소통하는 것을 말함이다. 물론 처음부터 그가 그런 능력을 갖게 된 건 아니다. 초등학교 시절 부모님이 이혼을 하고난 후부터였다. 즉, 어린 '나' 가 견뎌내야 했던 불행의 시간으로부터 타인의 아픔까지 보고 들을 수 있는 마음의 눈과 귀를 가지게 된 것이다. 그러므로 그림자 도둑이란 실은 우리들 다친 마음의 위로자이며 속 깊은 친구, 그리고 인생의 멘토라 할 수 있다.

누구라도 절망과 고통의 터널을 지나가야하는 순간이 있다. 그러한 때를 누군가의, 혹은 삶의 그림자 시기라고 한다면 문제는 그림자 자체가 아니다. 그때 우리에게 절실히 필요한 것은 아픔을 같이 나누어 줄 수 있는 그림자 도둑이라는 것을 이 책은 말하고 있었다.

2011년 4월 말, 이른 여름휴가를 떠났다. 인도네시아 자바 섬 동쪽 발리(Bali)에로.

그림자가 좋은 배경을 만났을 때 얼마나 따뜻한 풍경이 될 수 있는지를 뜻밖에도 그 섬에서 보았다. 발리는 지상낙원이라는 아름다운 수식어를 가지고 있다. 그러나 누군가가 내게 묻는다면 나는 그곳을 그림자 천국이라 말해주겠다.

눈길 가는 모든 곳에 그들이 있었다. 며칠을 취한 듯 바라보다 슬쩍 드는 생각은 대체 이 그림자들은 어디로부터 오는 것이며 또 어째서 이리도 따스한 느낌이 드는 것일까였다.

발리의 모든 것은 낮은 데로 임하고 있었다. 그것이 답이었다. 그러나 그게 다는 아닌.

그 섬에는 유난히 숲과 나무와 햇살이 많았다. 그러니 자연히 그림자도 많을 수밖에.

전통과 현대, 세계화와 민족적인 색채가 서로의 다름과 다양성을 인정하며 전체적으로 조화로운 기운을 자아내고 있었다. 인구의 90% 이상이 힌두교를 믿는 그들의 일상은 곧 종교적인 삶과 연결된다. 그래서인지 늘 작은 데서 행복을 찾는 발리 인들의 미소는 빛처럼 환했다.

자연과 인간에게 고압적이지 않으면서도 개성적인 건축물의 높이는 결코 야자수 나무의 키를 넘는 법이 없었다. 대부분의 집들은 자신들만의 고유한 색깔과 내력을 지닌 야트막한 담벼락을 갖고 있었다. 여자의 허리께 즈음인 그 높이는 누구에게라도 열려있지만 서로 넘지 말아야 할 선이 있음을 은연중에 말하고 있는 듯했다.

소박한 지붕의 아련한 처마 끝에서 내 유년의 기억들을 떠올리던 순간도 좋았다. 어느 집이나 그들의 담과 문 옆에는 한두 그루의 키 작은 나무가, 그도 아니면 꽃이나 나무 화분들이 마치 그 집의 구성원들처럼 함께 나이 들어가고 있었다. 그랬다. 발리에는 사람과 자연, 종교와 건축물들이 서로가 서로에게 어떤 의미를 더해주고 또 기꺼이 서로를 받아주고 있었다.

그 모든 풍경의 시작과 끝에는 언제나 그들, 그림자가 함께 했다. 정말이다. 발리의 모든 곳이 그림자를 위한 배경이자 캔버스요 스케치북이 되어주고 있는 듯했다. 습한 이끼마저 초록 잔디처럼 보이고 빛과 그림자가 서로의 따스한 배경이 되어주던 섬, 발리를 아마 난 영영 잊지 못할 것이다.

앙리 카르티에 브레송의 사진들과 발리에서 내가 본 것은 그림자를 위한 배경의 역할과 소중함이었다. 그림자는 사람의 신체나 사물, 혹은 자연에만 드리워지는 게 아니다. 우리들 모두의 내면에도 있다. 그리고 삶의 여정 길 위에도.

문득, 나에게 묻는다. 지금껏 살아오면서 사랑하는 가족과 지인들, 또는 새로 맺은 인연들에게서 그들의 눈물 젖은 혹은 피 흘리는 그림자를 외면하진 않았는가. 그들이 주는 빛만 보려고 하진 않았는지. 누군가의 가장 절박한 순간에 그들의 어두운 그림자를 이해하고 공감하며 소통하려는 마음. 그래, 단 한번이라도 그림자 도둑이 되어본 적이 있었던가.

한 가지 확실한 것은 나를 위한 그림자 도둑은 참 많았구나 싶다. 고맙고 고마운 일이다. 나도 가깝고 먼 이들의 슬픈 그림자를 위해 따뜻한 배경과도 같은 그림자 도둑이고 싶다. 내 사랑의 캔버스와 공감의 스케치북 위로 그들의 찬 그림자가 따뜻한 그림이 될 수 있게.

침묵하라, 그러면 보일지니

12월의 덕수궁에는 겨울나무들이 빈 그림자로 누워 있었다.

나무는 제 삶의 고단함을 털어놓는 바람에게 계절이 주고 간 서글픈 기억일랑 이제 그만 다 잊으라 말해주고 있었다. 그 때 누군가의 입술자국이 아직 빨갛게 남은 종이컵 하나가 슬그머니 다가와 자신의 사연을 바람에 섞고 있었다. 그럴 때가 있지 않은가. 내 속의 내가 너무 많아서 오히려 나를 잃어버리는. 그날의 내가 꼭 그랬다. 그래서 난 그들의 사연에 귀 기울일 수 없었다.

덕수궁 미술관에서 배병우 사진전이 열렸다. 나는 기대했다. 그가 담아온 맑고 깊은 솔향기로 내 마음이 좀 정화되고 내면의 조용한 숲길을 걸으며 지금 내가 원하는 것은 과연 무엇이며 잃어버린 나를 다시 만날

수 있기를. 더구나 이번 전시회는 그의 초기 작품에서부터 최근작까지 볼 수 있는 흔치 않은 전시였으므로 그에 따른 기대감도 사뭇 높았다.

배병우는 1950년 전남 여수 출신으로 대학에서 미술을 전공한 뒤 독학으로 사진을 공부했다. 남도 지방에서 나고 자란 그에게 바다는 예술적 영감의 원천이었다. 그가 소나무를 찍게 된 계기는 사진작가로서 한국의 정체성을 찾아 헤매던 중 1985년 낙산해변에서 보았던 소나무로부터 이것이야말로 가장 한국적인 것 중의 하나이며 우리의 문화와 역사 곳곳에서 다양한 의미와 상징성을 띠고 있음을 인식하게 되면서부터였다. 그 후 20여 년간 오로지 동일한 주제인 소나무에만 주력해온 결과 오늘에 이르게 된 것이다.

약간의 설렘을 안고 소나무 전시관으로 들어섰다. 역시! 그의 작품들은 일반적인 자연 찬미의 사진과는 달랐다. 뭐랄까 사유의 공간을 깊이 들여다 놓고 있었다. 추상화처럼 지극히 단순한 선과 곡선만으로 대상의 이미지를 표현하면서도 자신의 내면세계를 충분히 드러내며 나아가서는 보는 이마저 생각에 잠기게 했다. 나는 알 것 같았다. 왜 그의 사진들이 국내외적으로 크게 인정받는지를. 특히 이 사진 앞에서였다. 흑백으로 표현된 지극히 제한적인 숲 한 공간의 전면을 몇 그루의 소나무 허리께 즈음이 프레임 중앙에 집중적으로 부각되어 절제된 수직을 표현하고 점점 먼 거리의 나무들은 좌우로 조금씩 더 많은 몸체를 보여주며 수평으로 병풍처럼 펼쳐졌다. 그 사이로 흐르는 희부연 안개는 회화적인 원근감을 주는 동시에 여백의 여지를 남기는 한 폭의 몽환적인 수묵화였다. 잠시 마음이 멎을 듯하던 그때 안개 속을 휘돌아오는 울림이 있었다. '침묵하라, 그러면 보일지니.' 그것은 바로 바람이 전해주는 말이었다.

배병우 사진의 주 소재는 익히 알려진 대로 소나무다. 그러나 그는 그들의 전체를 보여주는 법이 거의 없었다. 그럼에도 불구하고 전부를, 그리고 모든 것을 다 본 듯한 느낌을 받는다. 왜일까? 그는 자신이 표현하고자 하는 대상의 가장 특징적인 부분을 집중적으로 보여줌으로써 전체를 가늠하게 하는 탁월한 이미지 방법론을 가지고 있었다. 깊은 안목을 요하는 부분이다. 그의 작품들이 내게 무엇보다 특별하게 여겨졌던 까닭은 배병우의 사진은 빛으로 그린 추상화이자 수묵화이며 이들이 함께 어우러진 가운데 그만의 독창적이고도 사색적인 그림을 사진으로 그려내고 있다는 것이다.

또한, 문학적으로 본다면 짧고 간결한 글 속에 깊은 울림이 담긴 한 편의 수필 같은 데가 있었다. 5분, 10분……, 다시 한참 동안 그 사진을 바라보던 나는 감탄을 넘어 점점 그가 부러워졌다. 사물이나 자연, 그리고 삶의 본질을 깊이 들여다보는 그 통찰력과 오랜 세월동안 그를 몰입시켰던 사진이라는 도구로서 자신을 실현하고 예술의 경지까지 오른 것에 대하여.

그에게로 향한 나의 감탄과 부러움으로 이어진 또 하나의 생각은 나 자신의 글쓰기였다. 내게도 언젠가는 많은 말을 하지 않는 가운데 깊은 생각을 전하고 긴 여운이 도는 그 끝에 독자의 공감과 생각이 보태지는 좋은 글을 쓸 날이 올까하는 그런 생각. 그 순간 또 마음이 잠시 멈췄다. 그랬다. 나는 천천히 그리고 조금씩 나를 만나고 있었던 것이다. 내가 지금 어디에 있고 무엇을 원하는가를. 적어도 한 가지는 선명해지고 있었다. 그러나 여전히 남아 있던 또 다른 물음표들은 아직 남은 방황이라는 이름으로 그곳 미술관에 잠시 남겨두기로 했다.

어떤 의미에서는 내 속의 내가 더 많아진 배병우의 사진 전시회였지만 적어도 내가 원하는 것 한 가지는 무엇이라는 것이 한결 더 분명해졌기에 조금은 나를 찾은 듯했던 시간이었다. 그러므로 다른 것들은 잠시 침묵하고 사색하라! 그러면 곧 답이 보일 거라는 내 안의 소리를 위안처럼 가슴에 꼭 품은 채 덕수궁을 돌아 나왔다. 앞서 보았던 그 종이컵이 아직도 이리저리 헤매고 있었다. 나는 그 방황을 그만 끝내주고 싶었다. 종이컵을 쓰레기통에 넣고 돌아섰다.

내가 기억하는 작가 박민규

울산에서 내 나이 이십대 중후반을 지날 무렵이었다. 거리엔 이미 겨울이 당도해 있었다. 그곳에 내가 있었고 내 어린 시절의 기억 속에 남아 있던 그가 걸어오고 있었다. 마치 영화속 주인공처럼 걸음이 멈춰지고 도시의 소음마저 조금씩 증발하는 듯 했다. 치렁치렁한 긴 장발머리의 그는 세상 모든 일에 무관심한 듯한 표정으로 뚜벅뚜벅 걸어서 당연한 일이지만 타인처럼 나를 스쳐갔다. 그 애가 분명했다. 내가 아는 한 최고의 어린 이야기꾼이자 동그란 얼굴에 늘 아침 햇살이 어려 있던 아이. 그러나 그 시절의 눈부심은 흔적도 없이 사라지고 습기 찬 삶의 권태만이 온통 그를 점령한 듯했다. 도대체 그의 인생에 어떤 변화의 강이 범람했던 것일까. 내가 상상해온 그 아이의 미래는 작가였으므로 무명의 락

커에 가까웠던 그날의 그 애는 참 낯설었다. 그러다 곧 혼자 씁쓸하게 웃었다. 타인의 미래를 내 맘대로 짐작하고 기대를 하였다니 하면서.

그 날 이후로 십여 년이 흘렀다. 아랍에미리트 두바이에서의 지극히 일상적인 어느 날이었다. 남편과의 외출 준비에 건성으로 듣고 있던 TV에서 조영남의 익숙한 목소리가 들려왔다. 누군가를 인터뷰하는 모양이었다. "박민규씨……." 그 순간 내 눈은 이미 화면 속으로 빨려 들어가 한 남자를 훑고 있었다. 점점 심장이 뛰었고 나의 기대가 현실로 이루어진 데에 대한 벅찬 환희가 수채화처럼 묽게 가슴을 물들였다. 나도 모르게 남편을 불러대고 있었다. 누군가와 나의 그 기쁨을 나누어야겠기에. 그랬다. 그 애가 거기 있었다. 나 혼자 기대해보던 작가가 되어서. 외모는 그 날 우연히 길에서 보았던 그 느낌 그대로였으나 습기 찬 권태는 많이 거두어져 있었다. 그러나 여전히 어딘가 삶의 이방인 같은 데가 있어 보였다. 내 기억의 레일은 이미 유년기행 급행열차에 시간을 싣고 거꾸로 내달리고 있었다.

박민규는 우리 반의 반장이었다. "얘들아! 내가 재미있는 이야기 해줄 테니까 다들 쉿!" 그러자 여기 저기 돌아다니며 왁자지껄하던 반 친구들은 일순간에 거짓말처럼 조용해졌다. 매일 아침 담임선생님이 오시기 전에 친구들을 조용히 시킬 요량으로 그 애가 선택하는 방법은 늘 이야기 보따리를 풀어놓는 일이었다. 그 아이는 자신의 얘기에 집중하도록 만드는 탁월한 재주가 있었다. 심지어 나도 다 읽었던 동화책마저 자신만의 독특한 상상력과 표현력으로 마치 다른 이야기처럼 재구성하였다. 뿐인가. 나는 미처 해보지 못했던 생각과 가보지 않았던 상상의 세계로 나를 데려다 놓곤 했다. 그 시절 이미 난 어린 작가에게 푹 빠져 그의 열렬한 독자가 되어 있었던 것 같다.

"준비 다 됐어?~" 남편이 재촉하는 소리에 KTX보다 더 빠르게 현실로 되돌아왔다.

남편에게 그 친구 얘기를 들려주었다. 그는 꽤나 흥미롭게 듣고 있더니 왕자 병이 지극히 중증인 환자처럼 한 마디를 건넸다. "역시 내 아내는 사람 보는 눈이 있단 말이야~." 그러면서 엄지손가락은 자기를 향하고 있었다. 그 병에는 약도 없다는데 참 큰일이다.

얼마 후에 그의 작품들을 섭렵했다. 《삼미 슈퍼스타즈의 마지막 팬클럽》《지구 영웅 전설》《카스테라》《핑퐁》……. 작가 이외수는 박민규의 작품 《카스테라》의 추천사에서 이렇게 확신한다.

"대한민국 문학사에서 가장 신선하고 충격적인 사건을 꼽으라면 작가 박민규의 출현이라고 서슴없이 말할 수 있다"라고.

그의 기발한 상상력과 색다른 문체를 만났을 때 낯설기보다 오히려 반가웠다. 그 작가의 다름을 이미 난 오래전에 보았었기에. 여러 매체를 통해 그에 관한 인터뷰 기사를 보고나서야 그 날 내가 그에게서 맡았었던 이방인의 냄새가 어디에서 연유했었는지 조금은 알 것 같았다. 아주 짧은 동안이었지만 객관적으로 초등학생 시절의 그는 분명 세상 사람들이 말하는 주류에 속해있었다. 그때를 기억하기에 그 이후 자의든 타의든 그가 오랫동안 머물렀던 자칭 비주류 인생의 뒤안길도 남다른 시각으로 보고 느끼지 않았을까 하고 짐작해 본다.

그의 작품이 나를 매료시키는 것은 인간과 세상살이에 대한 자신의 생각을 만화적이고 때로는 무협소설처럼 비현실적이리만치 천연덕스럽게 써내려가다 중간 중간 풍자적으로 현실을 꼬집는가하면 글의 끄트머리에서는 진짜 삶이란 바로 이런 것이 아닐까라며 어른다운 진지함으로 작가답게 물어온다는 것이다.

어느 누가 예측할 수 있었겠는가. 미래에 소설가가 될 그 소년을 훗날 수필가가 될 어린 소녀가 저 애는 커서 작가가 되면 참 좋겠다며 가만히 바래고 상상해보았던 일들이 현실로

이루어질지를. 그렇다. 짐작 할 수 없는 우리네 인생이란, 설레는 마음으로 첫 장을 열어 가슴 떨리게 아름다운 시간들과 핏물 고이는 아픔의 시간 위로 불확실한 현재를 살아간다. 때로는 꿈같은 어느 순간에 비수가 꽂히는 비극적인 미래가 준비되어 있기도 하다. 그러나 결코 결말을 예측할 수 없는 한 편의 잘 쓰여진 소설 같은 데가 있다. 내 삶의 결말은 과연 어떻게 종결될까 싶으니 어쩐지 내 앞에 놓인 지금이 결코 대수로운 오늘이 아니다싶다. 내 인생의 설레이는 한 페이지로 남아있던 그 애가 들려줄 다음 얘기가 무척 기다려진다. 초등학생 시절의 그 아침 조회전 만큼이나.

광대이자 예술인인 공옥진을 말하다

낡고 오래된 대문 앞에 한 남자가 서 있다. 가라앉은 침묵이 흥건하게 배어있는 문 안으로 그가 들어서자 스산한 기운을 안개처럼 깔고 있던 마당이 '거 뉘시오?' 하는 듯했다.

그런가하면 낯선 남자의 방문에도 아랑곳없는 무심한 낯빛의 나무들은 어딘가 아픈 기색이 역력했고 화분 속의 잎들도 애정 결핍으로 누렇게 앓고 있었다. 누군가가 굳이 말해주지 않아도 집주인의 현재를 고스란히 짐작케 하고도 남았다.

그가 주인을 부른다. "공옥진선생님~."

지난 2009년 11월 1일 KBS 제 1TV를 통해 방영되었던 공옥진의 삶을 담은 스페셜 프로그램 〈누가 나의 슬픔을 놀아주랴〉는 네 번에 걸친 끈

질긴 권유 끝에 전남 영광군 교촌리에 있는 그녀의 집을 제작진이 방문하는 것으로부터 화면은 시작된다.

공옥진은 '1인 창무극' 으로 유명한 대한민국 최고의 광대이자 예술인이다.

1인 창무극은 우리나라의 전통적인 소리, 춤, 재담 및 몸짓이 섞인 일종의 연극을 단 한 명이 이끌어가는 공연 형태이다. 1978년 소극장 '공간사랑' 개관 기념공연에서 그녀의 〈심청전〉이 첫 선을 보인 이후 80년대 중반까지 대학가에서 가장 인기 있는 공연이었다.

그녀는 또한 '곱사춤' 으로 잘 알려져 있는데 흔히 '병신춤' 이라고도 한다. 이는 장애자들을 비하하려는 게 아니라 조선시대의 경남 밀양에서 시작 된 민속춤으로서 서민들이 양반들을 병신으로 빗대어 희롱하며 해학과 익살로서 그들의 분노를 푸는 데서 시작됐다.

공옥진은 1931년 8월 14일, 전남 송주군 추동마을에서 태어났다. 남도 인간문화재 1호로 지정된 판소리의 명창인 부친 공대일로부터 소리를 배웠으며 일본에서는 무용가 최승희의 문하에 있다가 귀국 후 결혼했으나 실패했다. 그녀의 곡절 많은 인생은 지난 1998년에 이어 2004년도에 또 다시 뇌졸중으로 쓰러진 뒤 엎친 데 덮친 격으로 2년 전에는 교통사고까지 났다. 그 후유증으로 현재 '제3차 신경통' 이라는 병을 앓으며 11년째 병마와 싸우고 있다. 그나마 지난 2007년부터는 국민 기초생활 수급자로 정해져 매달 43만원과 간병인의 도움을 받고 있다. 혹자는 신산한 그녀의 삶 자체가 1인 창무극이라고 말하기도 한다.

다시 TV속으로 돌아가 보자. 제작진이 간병인의 안내로 들어선 안방에는 병색이 완연한 그녀가 미동도 않고 누워 있었다. 방문자의 어색함과 집 주인의 외면 속에서 짧은 침묵이 흘렀다. 그러다 바짝 다가앉은 남자의 염려스런 음성이 그녀의 이마를 어루만지자 그제서야 공옥진은 이렇게 울어버린다. "난 이제 지쳤어……, 지칠 대로 지쳐버렸어~." 가슴이 저릿해져왔다. 그 말 한마디로 그녀의 삶이 어디에 가 있는지 알 것 같았다. 지칠 대로 지쳤다며 울먹이던 공옥진으로부터 내가 느낀 것을 사람들은 '절망' 이라 부른다.

지난 1998년도에 영광군청은 전남도청 문화재위원회에 세계적으로도 그 예술성을 인정받은 '1인 창무극' 을 계승, 발전시키기 위해 공옥진을 무형문화재로 지정해줄 것을 신청했으나 찬반론이 치열했던 심의 결과 전통을 기반으로 하지 않은 개인 창작물이라는 이유로 결국 부결됐다. 그러나 찬성자들과 국악전문가들은 하나같이 그녀의 1인 창무극은 전통을 기반으로 계승하여 재창조함은 물론이고 대중화 시킨 것이라고 주장하고 있다.

강준혁 성공회대 문화대학원장은 "전통 문화의 계승에 있어서 너무 고전에만 집착할 것이 아니라 진정한 발전을 위해 과감한 발전 형태를 받아들일 필요가 있다."고 말했다.

그녀가 없으면 이제 1인 창무극도 사라지게 될 것이다. 왜냐하면 중요

무형문화재로 지정받지 못하면 계보가 없어 배우려는 사람이 없기 때문이다. 그런 이유로 영광군청은 2009년 5월에 다시 그녀의 무형문화재 지정을 신청한 상태다.

공옥진은 내면의 혼을 담아 우리의 전통적인 춤과 판소리를 통해 57개의 병신춤과 동물춤을 자유자재로 구사하며 서민들의 애환을 달래주었다. 또 장애인들의 아픔을 어루만져주었으며 나아가서는 자신만의 독창적인 예술로 승화시켜 1인 창무극을 창조해냈다.

그녀는 스스로에게 주어진 인생의 봄과 여름에 최선을 다했고 한 때는 화려한 계절을 보내기도 했으리라 싶다. 그러나 이혼과 두 번의 뇌졸중에 이은 교통사고, 그리고 자신의 평생을 걸어 이뤄낸 1인 창무극을 계승시킬 명분과 계기가 되어주기를 기대했던 무형문화재 지정마저 좌절되었을 때 그녀에게 인생의 가을은 참으로 가혹했으리라.

오랜만에 TV로 만나본 공옥진은 세상에서 가장 불행한 여자인 잊혀진 여인이 되어 인생의 겨울을 맞이하고 있었다. 지극히 절망적인 심신으로. 그 시작이 무엇이었던지 간에 절망의 바다에 빠지면 최악의 경우 사람들은 스스로를 죽음으로 내몰기도 한다. 그 바다에서 나는 어찌 빠져 나왔던가. 돌아보니 내겐 시간이라는 붕대와 누군가의 작은 배려가 발라준 빨간 약, 그리고 사랑이라는 보약이었던 것 같다.

오랜 세월 그녀로부터 삶의 위안을 받았던 우리가 이제 그녀를 위해 발라줄 수 있는 빨간 약과 보약은 과연 무엇일까.

내 안의 너, 네 안의 나

안개 자욱한 아침이다. 이런 날이면 무시로 거실 창가를 서성이는 나. 여인네의 은회색 치맛자락 같은 먼 하늘에다 절반쯤 몸을 묻은 도시의 얼굴은 언제나 물음표다. 시선을 옮기며 나무, 하고 불러본다. 희부연 풍경 너머로 떠오는 짙은 고동색의 몸체. 곧 사월이건만 여전히 알몸 그대로인 겨울나무들. 봄이 이리도 더디 기다려지는 건 생애 처음이다. 왜냐하면 아직 난 그들과 이별할 준비가 아니되었으므로.

2010년 늦가을부터였다. 내가 겨울나무에 꽂히기 시작한 것은. 아주 빨갛거나 샛노랗기를 기대하며 찾아든 11월의 주왕산은 의외의 색 주황이었다. 그마저도 거의 잎을 떨군 채였다. 그래서인가. 자연스레 눈에 들어오던 빈 몸의 나뭇가지들. 그들에 대한 첫 느낌은 앙상함 그 이상도 그 이하도 아니었다. 그런데 속살을 훤히 보이며 어깨동무하던 나무와 나무사이를 걷노라니 왠지모를 편안함이 느껴졌다. 그러다 무엇엔가 홀린 듯 카메라를 들었다. 찰칵, 찰칵……. 점점 나무의 내면 깊숙한 데로 가 닿는 동시에 그들이 내 안으로 성큼성큼 걸어 들어오는 것 같은 묘한 느낌이 들었다. 그때부터 겨울나무가 내게 어떤 의미로 다가오기 시작했다. 무엇이 궁금한지도 모르면서 막연히 궁금해지던 존재. 다가갔다. 눈빛은 깊되 부담스럽지 않을 정도의 가벼운 인사말을 건네며.

그러나 메아리 없는 골짜기처럼 나무는 늘 묵묵부답이었다. 가을이라기보다 겨울에 더 가깝다할 어느 날 창덕궁 후원을 거닐면서 비로소 알았다. 그들은 소리 없는 소리, 침묵으로 말한다는 것을.

꼭 꿈 길 같았다. 창덕궁 뒷동산의 담벼락이 온통 노랑나비 날개 같은 은행잎들로 휘날리고 붉디붉은 단풍잎들이 잔잔한 바람에도 미련 없이 우수수. 자연 앞에서 말이 필요 없는 순간이란 바로 그런 때가 아니겠는가. 그날 오후, 물가에 드리운 나무그림자 위로 켜켜이 쌓여가는 마른 잎들의 주검을 보다 알게 되었다. 낙엽이 그냥 낙엽이 아니라는 것을.

그것은 봄, 여름, 가을을 살아낸 나무들의 삶이 말갛게 그려진 수채화였고 우리가 나뭇가지 위에 아롱이다롱이 걸어 놓고 온 사연들로 그려진 한 점 유화였다. 뿐인가. 인간과 어우러진 삶의 편린들로부터 시작된 그들의 사유가 한 편 한 편 글이 되어 낙엽이라는 이름의 수필집으로 매년 우리 앞에 당도한다는 것도 그때 알았다.

나무가 써낸 수필이라. 궁금했다. 내용도 내용이지만 그들이 사용하는 문자는 과연 무엇일지. 고개를 들어 찬찬히 맨 몸의 나무들을 살피자니 그 많은 나뭇가지들이 다 사람의 손처럼 보였다. 곧이어 자잘한 손금 아래 숨어있던 글자들이 보이기 시작했다. 뜻밖에도 한자가 아닌 영어나 한글 같았다. 예를들면 나무의 몸체는 알파벳 'Y' 그리고 수많은 잔가지들은 한글의 자음에 해당하는 'ㅅ' 처럼 보였다. 그런데 왜 하필이면 불균형스런 Y자형 몸통일까. 아하, 뿌리가 땅속에서 단단히 받쳐주고 있구나. 그렇다면 나무의 온전한 몸은 알파벳 'I' 자형이 된다. 나(I)를 중심으로 한 그대(You)가 겹쳐진 몸체다. 그랬다. 나무는 하늘을 우러르고 땅을 굽어보며 늘 사람을 품고 있었던 거다. 가슴이 콩콩 뛰기 시작했다. 마치 자연의 비밀 하나를 엿본 듯이. 집으로 돌아오는 길, 낙엽 수필 한 잎을 고이 심장에 넣어왔다. 그 후 겨울 내내 나는 하늘바라기였다.

나무는 맑고 깨끗하게 살아갑니다
그의 귀에 새벽 네시의
달이 내려가 조용히
기댑니다

-이성선의 시 〈소식〉 중에서-

한동안 나도 저 달님이었다. 매양 보여주는 게 다이고 들려주는 게 전부인 겨울나무는 그저 바라보는 것만으로도 내 영혼을 쉬게 했다. 사람과 사람의 관계에서 구하기엔 너무나 먼, 그래서 휴식처 같았던 겨울나무. 그들과 눈을 맞추고 마음의 귀를 여니 그냥 알게 되었다. 때로는 나무도 기댈 누군가가 필요하다는 것을. 이 풍진 세상 맑고 깨끗하게 살아가기가 어디 그리 쉬운가. 그러므로 겨울나무도 가끔씩은 새벽 네 시의 달이 될 때가 있다. 그럴 때면 나도 그들처럼 어깨를 내어주고 가만히 귀 기울여주었다. 진심으로 들어주는 것, 그것이 다다. 그러나 그것으로 충분한.

겨울나무의 가장 완벽한 배경은 안개다. 온 세상천지가 은빛으로 가득한 날이면 그들은 어느 때보다 깊은 속을 보이고 가장 진한 말을 한다. 수백 수천 개의 나뭇가지들을 조용히 흔들며. 그 음성은 나지막한 것이 듣기에 참 좋았다. 봄, 나무가 다시 사람들을 불러들이고 풍경을 그리다 삶을 쓰는 계절이다. 햇살 드는 창가에 앉아 지난 가을 나무가 쓴 수필집을 다시 펼쳐보았다. 기억의 페이지를 하나 둘 넘기다 문득 드는 생각은 겨울이 다가도록 내가 만난 이가 정말 나무들이었을까 라는. 물론 나의 눈이 본 것은 그들이었겠지. 하지만 내 마음이 보았던 건 나 자신이었을 것이다. 흘러간 과거와 지금의 나. 그리고 다가올 혹은 그리되었으면 싶은 미래의 나 말이다. 그러나 겉과 속이 한결같아서 늘 나를 무장해제 시켜버리던 존재를 겨울나무들에게서 본 것만은 분명했다.

바램이 있다면 한번쯤은 현실에서도 그런 이를 만나고 싶다. 어리석도다. 가장 빠른 지름길은 내가 그런 이가 되는 데 있는 것을.

나는 너에게 반했다

살다보면 비워내야 할 때가 있다. 영혼에 가득 찬 헛되고 헛된 그 무엇들을. 그 때 사람들은 어딘가로 떠난다. 가깝고 또 때로는 먼 곳으로. 여름의 끄트머리에서 나도 일상의 쉼표를 찍고 북유럽으로 향하는 먼 길을 나섰다.

살면서 잊혀지지 않는 말과 사람이 있듯이 그런 풍경도 있다. 2010년 8월 22일부터 보름간의 스칸디나비아 3국(노르웨이, 덴마크, 스웨덴) 여정이 내겐 그러했다.

노르웨이행 기내에서 펼쳐든 한 권의 책. 표지는 파란 색 배경 위에 하얀 몸체를 가진 남자의 피어린 심장으로 선명했다. 무라카미 하루키의 소설 《상실의 시대: 원제 노르웨이의 숲》, 언젠가 그 곳을 가게 된다면

이 책과 동일한 제목인 비틀즈의 노래를 들으며 다시 읽어 보리라던 오랜 바람으로 동행하게 되었다. 긴 비행 후 자정 무렵 도착한 오슬로에는 이미 가을이 당도해 있었다.

다음날 아침 일찌감치 호텔을 나섰다. 도시의 일요일은 텅 비어있었다. 그것이 북유럽에 대한 나의 첫 기억이다. 우선 뭉크 미술관으로 향했다. 무엇보다 시작이 좋았다. 그 길 주변에서 뜻밖의 선물을 받은 것이다. 내가 제일 좋아하는 사진작가인 앙리 카르티에 브레송의 작품들 중 〈프로방스, 프랑스, 1999〉라는 작품과 꼭 닮은 풍경을 만났다. 인적 없는 들판의 오른 쪽으로 키가 훌쩍 자란 나무들이 주욱 줄지어 선 채 아직 설익은 자신들의 그림자를 드리우고 있었다. 북유럽, 기대보다 더 많은 무언가를 내게 건넬 것만 같은 좋은 예감이 들었다. 그러나 그때까지도 이번 여행에서

나를 온통 흔들어버릴 존재가 무엇일지 짐작조차 하지 못하고 있었다. 아니, 막연히 빙하일거라고 생각했다. 그런데 아니었다. 이번 여행 최고의 잊지 못할 존재는 뜻밖에도 구름이었다.

한 때 바이킹의 나라였던 노르웨이의 수도 오슬로에서 따라가 본 극작가 헨릭 입센의 발자취, 밤이되 밤이 아닌 백야가 인상적이었던 항구도시 베르겐에서 만난 작곡가 그리그와의 시간들은 기대 이상이었다. 대자연의 아름다운 위엄을 간직한 송네 피오르드는 차라리 침묵을 요했다.

'동화의 나라' 덴마크의 상징인 코펜하겐의 인어공주 동상은 중국으로 잠시 부재중이었다. 허나 안데르센의 요람인 도시 오덴세에서의 하루가 그 아쉬움을 달래주고도 남았다.

스웨덴은 스톡홀름 근교의 루이지애나 미술관을 간 것만으로도 내겐 축복이었다. 더구나 노벨상 수상자들을 위한 시상식, 기념 만찬, 무도회를 여는 시청과 노벨 박물관까지 둘러본 사흘은 참으로 충만했다. 많은 시간을 걸었고 또 기차에 몸을 실었다.

그때 본 8월 말의 노르웨이와 덴마크의 하늘은 그야말로 세상의 모든 하늘색을 다 담고 있는 듯한 종합세트였다. 그 하늘들을 후루룩 소리 내어 다 마셔버리고 싶었다.

그리고 구름. 아! 나는 반했다. 정말이지 그 표현 외에는 달리 뭐라 말할 수가 없다. 보름 내내 짧은 비, 청명한 맑음, 잦은 흐림을 하루에도 몇 번씩 반복하며 각양각색의 빛깔을 담아내던 하늘에다 북유럽의 구름들은 더 많은 표정과 몸짓을 드리우고 있었다. 그들은 천상과 지상을 잇는 다리, 대지와 긴 입맞춤을 나누는 그, 혹은 깊은 산이 내쉬는 들숨과 날숨이었으며 바다의 든든한 울타리였다. 그곳에선 구름이 모든 공간의 주인이고 주인공이었다.

헤르만 헤세는 첫 장편소설 《페터 카멘진트》를 통해 이 세상에서 구름을 나보다 더 잘 알고 사랑하는 사람이 있으면 나오라고 했다. 나는 거의 그 앞에 나설 뻔했다. 왜냐하면 이미 난 그들과 깊은 사랑에 빠졌으므로. 하여 보고 싶을 땐 언제든 보았고 말 걸고 싶을 때면 주저 없이 말을 걸었다. 만지고 싶으면 그저 손을 쑤욱 내민 채 가만히 눈 감고 있으면 구름이 쓰윽 나를 만지고 갔다.

노르웨이에서 시작된 구름과의 사랑이 절정에 달한 순간은 셰익스피어의 작품 《햄릿》의 무대가 된 덴마크 근교의 헬싱괴르에 위치한 크론보르 성(Kronborg Castle)에서였다. 바다와 구름, 그리고 잔디만이 푸르고 하얀 정적 속에 놓여있었다. 마치 이 세상의 것이 아닌 듯한 풍경. 숨이 멎을 것만 같았다. 급기야 나도 모르는 사이 아이처럼 소리를 지르며 내달렸다. 바람에 날리는 머릿결과 내 온 몸의 숨구멍으로 구름이 스며들고 있었다.

여기까지 쓰자 비로소 알겠다. 정작 내가 쓰고 싶었던 것은 잊을 수 없는 풍경이 다가 아니었음을. 오슬로에서 베르겐으로 떠나기 전 날 읽었던 《상실의 시대》 마지막 페이지에서 와타나베는 오랫동안 외면해오던 미도리에게 공중전화로 이렇게 고백한다.

'온 세계에서 내가 원하는 것은 너 밖에 없다.'

마치 온 세계의 가랑비가 온 세계의 잔디밭에 내리는 것 같은 긴 침묵이 흐른 후.

'자기, 지금 어디 있는 거야.' 조용한 목소리로 미도리가 묻는다.

불현듯 주위를 돌아보며 그가 자신에게 물었던 물음은 나는 어디에 있는가였다. 먼 길을 돌아 결국 사랑 앞에 선 와타나베처럼 나도 나에게 묻는다. 구름을 난생 처음 본 아이마냥 왜 그토록 북유럽의 풍경들에 넋을 놓았을까. 이젠 알 듯도 하다.

그즈음 이러저러한 개인적인 이유로 더는 글을 쓸 수 없을 것 같은 좌절감과 안 쓰면 그만이지라는 오만한 마음 길 위에서 헤매고 있었다.

그때 구름이 내게로 온 것이다. 잃어버린 마음의 지도와 상상력의 날개가 되어. 접힌 나래를 펴듯 물기어린 내 두 눈의 창가와 그리움 많은 가슴 밭 위에 나는 다시 글을 쓰고 있었다. 나도 모르게 조금씩 조금씩.

미도리가 와타나베에게 또 그가 자신을 향해 던진 그 질문이 내게로 왔을 때 나 스스로 답을 찾도록 이끌어준 북유럽의 하늘과 구름들. 다 고마움이다. 이제 난 심장이라는 노트에 이렇게 쓴다.

글, 너는 나의 빛 그리고 그림자. 그럼에도 불구하고 아직은 선뜻 할 수 없는 사랑고백. 하지만 어느 비 내리는 날 문득 너에게 전화를 걸지도 모르겠다. 온 세계에서 내가 원하는 것은 너 밖에 없다고.

2

나무가 화분이 된 사연

낮달의 운명

"봄 비속에 떠난 사람~, 봄 비 맞으며~" 한때 가수 이은하의 이 노래는 부모님을 그리는 내 애절함이었다. 3월의 서러운 비가 내리면 내 기억의 창고는 다시 문을 연다.

'드르륵' 조용히 교실 문이 열렸다. 마치 꿈결처럼. 수업중이시던 선생님은 낯선 방문자와 몇 마디를 나누시더니 가만히 우리 쪽으로 돌아보셨다. 쿵. 쿵. 쿵……. 내 심장은 나보다 먼저 알고 있었다. 선생님이 내 이름을 부르시리라는 것을.

봄비가 슬프고도 아름답던 날. 40대의 젊은 엄마가 레테(Lethe)의 강을 건너가셨고 그 후 5년이 흐른 뒤, 아버지마저 버거우셨을 삶의 신발을 고스란히 벗어놓으시고 그 망각의 강에 또한 두 발을 담그셨다. 그를 데려간 건 불의의 사고였다.

삶은 18세 소녀가 감당하기엔 너무 어둡고 긴 터널을 준비해놓고 있었다. 그 시절은 내 인생의 정신적 공황기였다. 그저 내리막길만 있는.

대학생이던 언니와 나보다 일곱 살 아래인 여동생 그리고 나는 부모님 대신 후에 불행의 씨앗이 될 그들이 남긴 유산이라는 허술한 울타리 속에서 낮과 밤을 오가는 이지러진 달이 되어야했다. 부모님의 부재는 우리에겐 말 그대로 어둠이었다. 그러나 그들이 남겨놓은 얼마간의 유산은 친척들의 별이 되어 재산관리를 위한 외가와 친가의 보일 듯 말 듯한 힘겨루기의 대상이 되었다. 결론은, 부를 축적하는데 기여도가 높았던 엄마를 대신이라도 하듯이 그녀의 가족들인 외가의 일방적인 승리로 돌아갔다. 그 결정은 우리도 모르는 사이에 이루어진 승부로 서서히 소원해지는 친가 쪽 어른들의 무심함을 낳게 했다.

사춘기 시절부터 흐르던 시간의 바다에는 '설마 내게 그런 일이' 라 할만한 슬픈 일들이 밀물처럼 끝없이 밀려왔다. 대신, 미래의 행복에 대한

믿음들은 썰물이 되어 점점 멀어져만 갔다. 우연히 만난 니체와 함께 "신은 죽었다"에 동의하기도 했으며, 혼란 속에 나뒹굴던 어느 날엔가 나를 일으켜 세워주던 푸쉬킨의 "삶이 그대를 속일지라도 슬퍼하거나 노여워하지 말라"는 충고에서 겨우 위로를 얻기도 했다.

그 시절 책은 유일한 나의 은신처이자 어른이었고 친구였으며 내가 살고 싶은 세상을 스스로 발견하게 하는 길잡이였고 울타리 같은 존재였다. 이제는 기억조차 희미해진 수많은 작가와 작품속의 주인공들은 내 가족과 친구들이 해주지 않았고 할 수도 없었던 인생이란 무엇인가에 대해 차분하지만 간곡한 어조로 그들의 생각을 들려주었다. 내게 무언가를 강요하지 않고 다만 가슴에 머무르는 것만으로 자족해하던 그들이기에 난 더 좋았다.

내 인생은 때때로 달 같았다. 그 중에서도 한낮에 뜨는 낮달.

달의 배경이 낮이 되었을 때 태양의 밝음으로 인하여 그녀는 초대받지 못한 손님이 되어 버린다. 그러나 밤이 되면 어둠으로 인하여 저 스스로 하늘의 주인이 된다. 늘 배경이 운명을 쥐고 있는, 그것이 달의 운명이다. 그리고 내 운명이라고 생각한 적도 있었다.

난 가끔씩 낮달에게, 그리고 내 운명에게 묻고 싶었다. 낮달은 과연 자신이 원해서 대낮에 뜬 것일까? 밤을 배경으로 두둥실 떠오르는 보름달이 되고 싶진 않았을까? 내 운명을 쥐고 있는 배경은 누구일까? 나일까? 절대자일까? 아니면 둘 다인가.

운명을 관장하는 이가 누구이든 한 가지 확실한 것은 본인의 선택에 의한 결과로 한낮의 낮달이 될 때에는 그래도 견딜 만 하다는 것이다. 가장 힘든 것은 자신의 의지와 상관없이 원치 않는 운명을 받아들여야 하는 게 아닐까싶다. 이제 청춘의 시절이 조금 지나가며 드는 생각은, 누구에게나 한낮의 낮달 같은 때는 있으며 또한 보름달 정도가 아니라 태양처럼 빛나는 순간도 있더라는 것이다. 하여, 내가 나에게 부탁하고 싶은 것은 태양의 순간에는 지나간 낮달을 기억하여 그 시간을 만끽하되 타인에 대해 배려할 필요가 있고 다시 낮달의 시간이 오면 태양의 순간을 떠올려 용기를 내어볼 일이다. 전화가 온다. 이제 마음의 봄비도 좀 찾아들었으니 기억의 창고 문을 닫아야겠다. 여기 내가 나에게 주는 시 한 편을 그 문 앞에 걸어 둔다.

새봄이 오면

나는 지금
해묵은 얼룩의 땅에
지나온 날의 퇴비를 뿌리는 중.

아직은 뼈시린 겨울
얼음장 밑으로

내 사랑의 봄은 밀서처럼 은밀히 전해지는 중.

눈보라 속에서도

희망은 꽃눈처럼 부풀고

다시 오는 봄에 마구 터질 꽃 향기 예매 중.

나는 지금,

봄의 암호 해독대로

토실한 뿌리 살찌우며 점프를 준비하는 중.

-손 경찬-

나무가 화분이 된 사연

가을이 여름을 자꾸 밀어내던 구월의 어느 날이었다. 프랑스에서 성악을 공부 중이던 H로부터 귀국했다는 연락이 왔다.

"여기야, 여기." 친구는 어딘가 이국적인 미소를 날리며 나를 불렀다.

"너무 반갑다, 근데 어떻게 온 거야, 무슨 일 생긴 건 아니지?"

반가움과 걱정으로 시작된 나의 질문과 그녀의 대답 속에 우리들의 수다는 끝없이 이어졌다. 갑자기 그녀가 일어섰다. 친구는 잠깐만 기다리라더니 한참만에야 돌아왔다. 웬 파란 눈의 백인 남자와 함께. 후에 그는 미래의 내 남편이 된다.

뜨악한 눈으로 누구냐고 물었다. 친구의 말을 요약하자면, 우리 건너편에 앉아 홀로 책을 읽고 있던 그의 모습이 마치 파리에서의 자기를 보는 듯했으며 그럴 때 가끔씩은 누구라도 말을 좀 걸어주었으면 싶을 때도 있었다는. 해서 자기도 모르게 말을 걸어보니 한국에 주재원으로 와 있는 스물일곱 살의 미국인이라고 했다. 그러면서 묻지도 않은 그의 신상 정보까지 늘어놓으며 한 마디 하려는 내 입을 막아버렸다. 할 수 없이 그와 어색한 인사를 나눈 후 반 벙어리와 반 귀머거리가 되어 친구가 전해주는 그들의 대화 내용을 간간이 전해 듣고 있었다. 그러다 점점 꿔다놓은 보릿자루가 된 듯한 그 상황이 짜증나기 시작했다. 하지만 오지

랄 넓고 두 손 두 발 다든 그녀의 마당발 성격을 기억하며 꾹 참았다. 한국 아가씨의 교양 있는 미소와 함께. 그 이후로 그들은 가끔씩 만난다고 했다. 그리고 불편해하는 나를 자꾸 불러냈다. 친구는 자신도 모르는 사이에 남편과 나에게 준비되어 있던 운명의 씨앗을 뿌려주는 사랑의 전령사가 되어 있었다. 시간이 천천히 흘렀다. 내게 사랑이 다가설 때처럼.

우연을 가장한 얼굴로 운명이 우리를 찾아올 때 함께 동반하는 것은 늘 선택의 순간이다. "그 친구 어떻게 생각해?"

"뭘?"

친구는 제법 진지한 얼굴로 말하기를 그가 내게 호감을 갖고 있으며 곧 데이트 신청을 하려한다고 했다. "푸~하하하" 정말 한참을 웃었다. 나의 대답은 "노~땡큐" 였다.

그 당시의 내 정서상으로는 서양인이 동양인에게 이성의 감정을 느낄 수 있다는 것이 받아들여지지 않았다. 그런 내게 친구는 자신의 생각을 이렇게 말했다.

"사람이 진지하고 성실해보여, 게다가 지성적이고 부드러운 느낌이야." 그리고 덧붙인 의견은 유난히 자아가 강하고 고집 세며 수평적인 남녀관계를 원하는 나에게는 서양적인 문화권에서 자란 남자가 더 어울릴 거라고 했다. 그리고 "꼭 한국 남자여야 돼?" 라고 따졌다. 그러고 보니 꼭 한국 남자여야 된다는 생각은 해본 적이 없었다. 그때부터 꿔다 놓은 보릿자루는 관찰자의 눈으로 그를 보고 있었다.

그러던 어느 날이었다. 보통 때처럼 셋이서 저녁을 먹고 헤어지는데 굳이 나를 데려다주겠다며 차에 태우던 그. 얼마 후 어색한 침묵을 깨고 그가 내게 물었다.

"우리 영화 보러 갈까?"

"그래, 내가 H에게 전화해서 날짜 맞춰 볼게."

"아니, 이번엔 너와 둘이서만 가고 싶어."

운명의 그림자인 선택이 얼굴을 내미는 순간이었다.

"그래, 그럼."

친구가 옳았다. 그는 시간이 지나면 지날수록 나의 의식을 더 자유롭게 했고 가장 나다울 수 있도록 했다. 내가 세상의 편견과 선입견들, 그리고 지나친 권위들에 염증을 내며 내 생각들을 드러내었을 때 자신의 잣대로 나의 옳고 그름을 재단하려 들지 않았다. 그저 흥미롭게 듣고 있거나 간혹 나와는 다른 자기 생각을 내놓을 뿐이었다. 처음으로 다르다는 것과 잘못된 것의 차이를 가슴으로 아는 남자를 만난 것이다.

시간 위에 사랑과 이별이 함께 흐르고 있었다. 먼저 친구가 다시 파리로 돌아갔고 그도 시카고로의 발령을 받고 돌아갔다. 물리적인 거리가 우리들의 사랑을 오히려 깊어가게 했다. 일 년 여의 시간을 보내며 서로에 대한 확신이 절정에 달할 즈음 우린 결혼을 결정했다. 주위의 반대와 걱정으로 무겁디무거운 마음과 그와 함께 할 미래에 대한 기대감, 그리고 한국에서 29년 동안 뿌리내린 나를 커다란 화분에 다 옮겨 담았다. 내 님의 날개 위에 그 모든 것을 싣고서 우린 시카고로 날아올랐다.

오월의 신부가 되어 꿈같은 신혼을 보내며 미국에서는 남편과 시댁의 어린 새싹 같은 화분처럼 살았고 남편을 따라 주재원 생활을 하게 된 영국에서는 여전히 손이 많이가는 어린 꽃 화분이 되었다. 이어서 아랍에미리트의 두바이에서는 질풍노도의 사춘기 시절 같은 선인장 화분이었다. 이제 10년 만에 다시 돌아온 한국에서는 자신의 삶에 보다 더 진지해진 국화꽃이 담긴 화분이고 싶다. 그리고 몇 년 후 다시 시카고로 돌아가면 나의 화분들에 담겨졌던 그것들과 29년생 내 나무의 뿌리를 잘 거두어 양지바른 곳에 심고 싶다. 미국에서 뿌리를 잘 내린 아름드리나무가 되어 사랑받고 사랑 주는 사람으로 그렇게 나이 들어가고 싶다. 이 글을 쓰며 지난 13년간의 결혼 생활을 돌아보니 사랑위에 미운 정 고운 정이 더해져 남편이자 연인이며 친구이고 때론 자식 같은 나의 신랑을 만난 것은 준비되어 있던 우연과 선택이 낳은 남편과 나의 운명이었다.

숲속의 공주와 노란 섬

신혼의 한 가운데에 있는 대부분의 여자들은 다 공주고 꽃이다. 나도 오월의 신부답게 꽃 중의 꽃이었다. 적어도 내 남편에게는.

그는 29년 동안 익숙했던 모든 것을 뒤로하고 오직 사랑하는 남자 하나만을 바라보고 머나먼 나라로, 더구나 자신에게 와준 내가 고맙고 미안한 마음에 어쩔 줄을 몰라 했다. 남편은 우리의 아늑한 시작을 위하여 신혼부부에게 안성맞춤인 핑크와 살구 빛이 도는 아담한 단독주택을 구입해 혼자서 얼마간 살고 있었다.

한국을 떠나 시카고에 도착한 첫 날, 그 나라의 풍습이라며 새 신부를 번쩍 안아 올려 현관문을 들어서던 그 날의 황홀했던 기억은 아직도 유효해서 남편의 소소한 단점들은 웬만하면 다 용서가 된다. 신혼집다운 아늑한 실내도 좋았지만 주방으로 난 정원의 아름다움은 차라리 영화였다. 계절의 여왕인 봄의 정원답게 아름드리 나무들과 온갖 꽃들은 또 얼마나 예쁘고 상냥하던지. 난 매일매일 그들의 초대에 응답이라도 하듯 남편이 출근하고나면 많은 시간을 정원에서 보냈다. 가끔은 토끼나 다람쥐를 만나는 기쁨을 누리기도 하며 점점 숲속의 공주가 되어가고 있었다. 남편의 더없는 사랑과 보살핌 속에. 하기야 신혼인데 무엇인들 아름답지 않았겠는가. 더구나 추억은 언제나 실제보다 관대하니까.

우리가 살던 곳은 시카고 근교의 알링턴 하이츠(Arlington Heights)라

는 백인이 주류를 이루는 지역이었다. 남편을 비롯한 시댁식구들과 그의 친구들, 그리고 만나는 모든 사람들은 백인이었다. 그의 친구들은 조금은 지나친 관심과 친절들로 끊임없이 그들의 파티에 우리를 초대했다. 낯선 언어와 이질적인 파티 문화는 심신의 피로를 쉬이 가져왔고 보기에 좋고 식욕을 자극하던 음식마저 나를 배신했다. 배는 부른데 뭔가 빠진 듯한 허전함에 김치생각이 간절했다. 파티에서 돌아오면 남편은 이미 다 안다는 듯이 냉장고에서 김치 통을 꺼내서는 "미안해, 신부." 하며 김치 한 조각을 내 입에 넣어주고 자기도 한 입 넣고는 하얗게 웃었다. 사랑스런 배려를 하는 그에게 김치뽀뽀를 한번 날려주고 우린 또 빨갛게 웃었다. 그래도 나는 하얀 바다위의 노란 섬 같았다. 그러나 그런 것들은 국제결혼을 결심했을 때 이미 조금은 예견했던 상황이라 그리 당황스럽진 않았다. 무엇보다 나를 외롭게 한 것은 뜻밖에도 남편이었다. 그는 내가 도착하기 전에 이미 그 집에서 6개월여를 살아서인지 집안 구석구석에 충분히 익숙해져 있었다. 새 가구들은 주문하고 몇 달을 기다려야 했기에 그 집에서 내게 익숙한 것은 나와 남편뿐이었다. 나는 낯선 미국이라는 나라에서 어색하고 서툰 서양문화에다 남편만의 집인 듯한 공간에서 정면으로 고독과 마주서고 있었다. 난 행동해야 했다. 온 집안의 가구 위치를 바꾸고 내 맘에 들고 집에 어울리는 소품들을 구입해서 그 집이 내게 익숙해지도록 바꾸어갔다. 남편은 퇴근해서 돌아올 때마다 조금씩 낯선 집에 들어서야 했다. 때로 불편한 심기를 간간이 보이긴 했지만 별 말은 없었다. 그러던 어느 날이었다. 무슨 말 끝에 그의 입에서 "my car", "my house"라는 단어들이 불쑥 튀어나왔을 때 적당한 인내심으로 눌러두었던 나의 고독이 침묵의 뚜껑을 열었다.

물론 안다. 그는 영어권 사람이기에 '내 집' 과 '내 차' 라는 표현이 액면 그대로 자기의 것이라 주장하는 게 아니라는 것을. 그래도 '우리' 라는 표현법에 익숙해 있는데다 그 당시의 모든 심리적인 위축감과 무게로는 그 단어가 주는 거리감을 견딜 수가 없었다.

남편을 앞에 두고 기어이 눈물을 보이고 말았다. 당황한 남편은 그제서야 뭔가 심상치 않음을 감지했는지 내 손을 꼭 잡고 가만히 나를 들여다보았다.

남편에게 말했다. 숲 속의 공주와 하얀 바다위에 홀로 떠있는 노란 섬 같은 행복하지만 외로운 나의 심정을. 그리고 이 낯선 나라에서 '나'를 말할 수 있는 것이 어디에도 없고 어느 것 하나 내 것이 아니며 우리 것이 아닌 듯한 텅 빈 마음을 사랑하는 이의 옆에서 느끼는 게 얼마나 참담한 지를. 내 얘기를 미동도 않은 채 듣고 있던 남편은 그 큰 눈에 파란 물을 들이며 미안하다 했다. 그런 줄도 모르고 혼자서만 행복에 겨워했다며, 그러나 이제라도 알게 되었으니 어떻게 하면 울타리 밖의 존재 같은 그 허허로움이 좀 덜어지겠느냐고 물어왔다. 남편은 돈에 대한 관심이 생각보다 많았다. 그래서인지 쓸데없는 낭비나 불필요한 지출을 대단히 싫어했다. 돈은 그의 아킬레스건이었다.

나의 제안은, 이제부터 "my car", "my house", "my money"라는 단어를 쓸 때마다 5불씩 벌금으로 내고 그의 명의로 되어있는 이 집과 자동차와 은행통장, 그리고 그가 대학생 때부터 투자해온 뮤추얼 펀드를 비롯한 모든 투자처에 남편과 함께 공동명의로 변경해달라고 했다. 지금 내게는 무엇보다 내 것이라는 장치가 필요하다고, 단어 하나에도 상처를 받을 만큼. 그는 의외로 흔쾌히 동의했다. 그런 그가 고마워서 나 역시 직장생활을 하며 모았던 돈과 부모님께서 남겨주신 내 몫의 땅을 우리들의 공동재산으로 하겠다고 했다. 남편은 무슨 보너스라도 받은 양 아이처럼 좋아했다. 예상한대로, 그는 자신의 용돈에서 5불씩 벌금이 지불되는 것을 너무나 속상해하며 단기간 내에 '나' 에서 '우리' 가 되어갔다. "our money", "our house"……. 그리고 나 또한 우리라는 느낌의 든든한 울타리 안에서 내 신랑과 그렇게 가족이 되어갔다. 이제와 돌아보니 그 당시 내겐 물질적인 '내 것' 이 필요했던 게 아니라 한국을 떠난 타국에서도 유효한 진짜 '내 사람' 이라는 확신이 필요했던 것 같다.

이 에피소드는 남편과 나에게 찾아온 '문화차이'를 넘긴 첫 고개였고 그로인해 부부간에 대화가 얼마나 중요한지도 알게 했다.

국제결혼이라는 다수와 다른 소수인의 삶을 살아간다는 것은 조금 더 많은 지혜와 용기를 필요로 하는 삶이다. 문제에 직면했을 때 다른 이의 조언을 구하기도 쉽지 않다. 왜냐하면 주변에 비슷한 상황을 가진 부부나 미국인과 한국인 커플이라는 구체적인 삶의 모델이 거의 없으니까. 그래서 우린 늘 짐작할 수 없는 인생을 함께 풀어내야 했다. 끊임없는 대화로서. 물론 때로는 서로가 언성을 높이기도 했지만 그 마지막은 늘 다시 대화로 돌아오곤 했다. 그런 시간들 속에서 우리는 서로의 차이를 알아갔고 그것을 받아들이거나 이해하는 과정 에서 우리만의 대화법을 찾았으며 지금도 찾고 있다. 이제 13년쯤 살아보니 알게 된 것도 있다. 시행착오도 많았지만 두 문화의 장점이 만났을 땐 그 만족도 또한 배가 된다는 것과 의외의 재미도 곳곳에 숨어있다는 것을.

좁쌀 신랑

폭발 일보 직전이었다. 그걸 아는지 모르는지 남편은 신문에서 오려 놓았던 할인쿠폰을 뒤적이며 이미 사용기일이 지나버린 쿠폰을 들고 너무나 아쉬운 표정을 짓지를 않나, 아직 사용 가능한 쿠폰을 발견하면 무슨 로또라도 맞은 양 퍽이나 좋아라 했다. 그러다 심상찮은 내 표정을 살피곤 "알았어, 알았어." 하며 아쉽다는 듯이 자리에서 일어섰다. 그렇게 우린 할인쿠폰을 잔뜩 들고 일주일치 식품과 일상 용품을 구입하러 대형마켓으로 향했다.

이 신경전은 미국인 남편과 한국인 아내가 미국에서의 신혼생활 중 문화차이와 사고방식 차이로 일으키던 부부 전쟁의 전초전이다.

마켓에 도착한 남편의 눈은 빛나기 시작했고 걸음이 빨라졌다. 나는 뒤따르며 그의 다음 행동을 미리 짐작 해봤다. 그렇지, 로또 같은 쿠폰을 꺼내야지. 그리고 다음엔 우리의 쇼핑 품목 앞에서 마켓 자체 내의 세일과 자신이 가져온 쿠폰과 비교분석을 하겠지. 바로 그 순간 들려오는 익숙한 남편의 목소리.

"이것 좀 봐, 세일한다고 덜컥 사면 안돼. 얘네들이 교묘하게 머리 써서 소비자들을 혼란시키는데 말이야, 이 용량 대비 가격이……."

예외 없이 그의 고정 대사가 흘러나왔고 그 순간 내가 할 수 있는 일은 그저 딴 데를 쳐다보는 일이었다. 요지는, 식품회사와 대형마켓의 세일을 믿지 말고 꼼꼼히 따져보고 물건을 구입해야 한다는 거다. 말인즉슨 맞는데, 중요한 건 품목 하나를 구매하는데 너무 많은 시간을 쓴다는 거다. 한 시간이면 끝낼 쇼핑을 두어 시간이나 써야 되는 것도 이해가 안 되었지만 시간 대비 절약되는 돈의 액수가 너무나 적다는 데에 나의 인내심이 한계를 느꼈다는 거다. 벌써 십 몇 년 전의 일이다. 그 당시 미국으로 이민가기 전만해도 한국에는 할인쿠폰제가 없었기에 익숙하지가 않아서인지 그런 남편이 너무 구차하게 보였다. 더구나 돈 좀 번다는 남자가 그러니 검소하게 보이기는커녕 좀 딱해보였다.

쇼핑에서 돌아온 뒤, 남편에게 의자를 내어주며 "우리 얘기 좀 해." 그러자 "신부, 화났어?" 난 숨을 크게 한 번 들이쉬고 그에게 말했다. "당신을 앞으로 좁쌀이라고 부를 거야." 무슨 말인지를 잠시 생각하던 남편이 물었다. "좁쌀! 왜?" 그에게 설명해줬다. "한국에선, 지나치게 돈

아끼는 구두쇠 같은 사람을 좁쌀영감이라고 해. 근데 당신은 아직 젊으니까 그냥 좁쌀이라고 불러 줄께." 그가 하는 말이 걸작이다. "그럼, 그거 칭찬이야?" 오, 하느님! 하고 외치고 싶었다. 내가 물었다. "도대체 왜 그렇게 푼돈에 연연해? 절약하는 건 좋은데 시간 낭비라는 생각은 안 들어?" 그는 무슨 말이냐는 듯이 나를 쳐다봤다.

몇 시간을 들여서 겨우 만원도 안 되는 돈을 절약하고 그렇게 기뻐하느니 그 명석한 두뇌로 부동산투자나 재태크에 관련된 책을 한 시간만이라도 읽으면 더 효율적일 것 같다고 했더니 짧고 굵은 그의 대답은 "흠! 왜 그 생각을 못했을까?"였다.

그는 수학적인 머리가 대단히 뛰어난 사람이다. 근데 지독히도 그것과는 상관없는 나를 무슨 천재를 보듯이 감탄했다.

그 대화의 끝은, 대형마켓에서 지금처럼 쇼핑을 할 거면 남편 혼자 가는 것으로 결정을 봤다. 다행히 전쟁은 일어나지 않았다. 난 그저 그에게 시간을 주고 기다려주면 되는 거였다. 그 이후, 한 동안 그는 자기가 하던 대로 매일 쿠폰을 오려서 모아뒀다가 주말이면 혼자서 기꺼이 마켓으로 향했고 즐거운 마음으로 돌아오곤 했다. 그리고 난 나대로 나만의 시간을 만끽했다. 그런데 어느 날인가부터 쇼핑에서 돌아오는 그의 귀가시간이 자꾸 빨라졌다.

"웬일이야? 요즘은 빨리 오네?" 하고 물었더니 남편은 멋쩍은 표정으로 말했다. "재태크에 관한 책을 보니까 적은 돈으로 투자 할 수 있는 정보가 많더라고, 할인 쿠폰으로 절약하는 것보다 더 효율적일 것 같아. 그리고 나 좁쌀이라는 그 별명 싫은데…….” 그쯤 되면 남편의 기를 살려줘야 했다. “그래도 할인이 많이 되면 쿠폰 쓰는 게 좋지 않아?” 그랬더니 그는 소년처럼 웃었다. 어쨌든 우리는 다시 대형마켓을 함께 가게 되었다. 남편은 내 눈치를 적당히 봐가며 쿠폰을 비교분석했고, 나는 대충 못 본척하면서 대형마켓과 그의 두뇌게임을 이해해줬다. 참고로, 그는 그 이후로 신문 지면의 퍼즐게임을 무척 좋아한다. 아마도 쿠폰 두뇌게임이 퍼즐로 옮겨간 듯했다.

수학적인 두뇌 쓰기를 좋아하는 남자와 일상 속에서 마음 쓰기를 좋아하는 여자. 함께 어우러져 살아가기에 우린 제법 필요충분조건이 맞아가고 있었다.

나는 남편의 이런 점을 존경하고 사랑한다. 항상 귀를 열어두고 타인의 의견이 일리가 있거나 합리적이라는 생각이 들면 쓸데없는 아집을 부리거나 감정싸움을 하지 않고 자신의 습관이나 사고방식도 수정하는 그 유연함이. 아쉬운 건 제법 인내심을 가지고 기다려줘야 한다는 점이다. 오죽하면 그의 다른 별명 중의 하나가 ‘거북이’ 이겠는가. 어쨌든 좁쌀을 볼 때마다 자꾸 웃음이 났다. 그래서 아직도 가끔씩 그를 놀려댄다. 이렇게 “신랑~, 좁쌀 신랑~.” 그 별명 싫다면서도 그는 어김없이 돌아본다.

7월은 지금 샤워 중

유월의 끝에서 시작된 장마로 사실상 여름의 예고편은 이미 시작됐다.

오늘도 회색빛 빗방울이 사방에서 바람으로 붓질을 해댄다. 생각대로 그려지는 마음의 그림들은 헛된 바램으로 가득 차있다. 왜 인생은, 그리고 나는 내게 고요함을 허락치 않는가. 문득, 비바람을 골고루 잘 섞은 뒤 몽실몽실 거품을 내어 마음속의 시끄러움을 다 씻어내고 싶어진다.

창을 열어 세찬 빗속에 가만히 나를 세워둔다. 젖은 눈을 들어 보니 제법 말개진 수목들이 바람 따라 하늘하늘 그네를 타고 있다. 낮고 어두운 하늘을 오르는 그 초록빛 그네 위에 어른인 내가 아이처럼 앉아 있다. 그 아래로 여름 꽃들의 흐트러진 붉음과 수목들의 길다란 머리칼 끝에서 지나간 기억들이 빗물처럼 고여 든다. '좌르르, 좌~아…….' 물기

머금은 도로 위를 구르는 차바퀴소리에 추억 하나 대롱대롱 매달려 멀어져간다.

남편이 주재원으로 근무했던 영국의 길포드(Guildford)라는 도시에서 한 일년 정도 살았었다. 그 시절의 추억은 너무나 소중하게 그리고 조금은 아쉬운 채로 남아있다.

길포드는 서울로 비유하자면 평창동의 한적한 여유로움이 느껴지고 인사동의 전통성과 현대미가 가미된, 그리고 청담동의 세련된 풀어짐이 느껴지는 참으로 다양한 얼굴을 가진 도시였다. 획일적이고 몰개성적인 것은 무엇이든 거부감을 갖는 나에게 다양한 일상의 즐거움을 주었던 그곳에서의 시간들은 짧았기에 더 큰 아쉬움으로 남아있다. 그리고 시간에 따른 잊지 못할 결혼 생활의 현주소를 겪기도 했었다.

요즘처럼 비가 잦은 어느 이른 여름이었다. 마음 문 밖에서 누군가가 자꾸 노크를 해댔다. 직감적으로 어쩐지 외면하고 싶은 불청객일 것 같았다. 아니나 다를까 발신처가 불분명한 택배처럼 당도한 뜻밖의 감정. 그것은 그 이름도 건조한 '권태기' 였다.

결혼 5년 만에 드디어 콩깍지가 벗겨지는 순간이 오고야 말았다. 특별한 이유도 없이 남편에게서 자꾸 미운 구석이 보였다. 그러나 그에 대한 내 사랑이 여전히 진행형인 것도 사실이었다. '그렇다면 이 감정은 무엇이란 말인가?' 나의 혼란스러움은 더해갔다.

받아들이기 힘든, 그러나 껴안고 가기엔 무거운 마음을 어쩔 줄 몰라

하던 어느 주말이었다. 느긋한 아침을 보내고 점심으로 KFC에서 치킨을 사다 먹고 있었다. 맛있게 먹고 있는 남편이 이유도 없이 싫은 거였다. 더 이상 그 감정을 숨길 수도 또 그래서도 안 되겠다 싶어 내 감정 상태를 그에게 말했다. 남편은 한동안 말이 없었다.

"솔직하게 말해줘서 고마워. 그래도 아직 날 사랑하긴 해?"

"응, 그건 확실해. 그렇지만 예전처럼 그저 바라보기만 해도 좋은 건 아냐."

"권태기가 확실한가봐." 남편이 그 와중에 웃었다. 나도 따라 웃어버렸다.

"이것은 어느 부부에게든 그리고 당신에게도 찾아올 수 있는 일시적인 감정이라고 생각해, 적절한 약만 잘 복용하면 말끔히 나을 수 있는 그런 감기 같은 것 말이야."

"네게 필요한 처방약이 뭘까?" 나도 잘 알 수가 없었다. 어쩌면 그래서 더 힘들었는지도 몰랐다. 그러나 감정적으로 대하지 않고 진지하게 대화하는 남편을 느끼며 내 안에선 이미 무엇인가가 풀어져가고 있었다. 우린 한참을 이런 저런 얘기를 더 나눴던 것 같다

얼마 후 남편이 외출했다. 그도 나처럼 혼자만의 시간이 필요했겠지.

저녁 무렵에 그가 돌아왔다. 한 병의 와인과 향이 좋은 한 다발의 꽃 뒤로 조금은 낯선 남자의 미소를 머금은 채.

감미로운 음악과 속삭이는 불빛 아래 은근한 취기를 불러일으키던 와인 속으로 나는 잠시 잠겨들었다. 그런 나를 바라보던 남편이 "잠깐만."

하고 사라졌다.

잠시 후 나를 부르는 소리 너머로 빨간 하트무늬가 온통 꽃밭인 속옷만을 걸친 남편이 사랑의 춤을 추고 있었다. 그가 자꾸 나를 웃게 했다. 많은 말들이 오가지 않았어도 그 밤의 그는 충분히 감동적이었다.

나의 솔직한 드러냄과 우리들의 허심탄회한 대화, 그리고 남편의 재치 있고 사랑스런 즉각적인 이벤트로 내 권태기는 그렇게 지나갔다. 특별한 문제가 있어서 찾아온 게 아니었듯이 대단한 처방전도 필요 없이 가라앉았던 그 시간들은 역시 남녀 간의 사랑은 표현할 때 그 빛이 지속된다는 것을 새삼스레 알려주고 조용히 사라져갔다.

권태기에 관한한 남자들만의 전유물인 시절도 이젠 옛 말인 것 같다. 남녀 누구라도 관계 속에 권태가 찾아들 때 필요 이상으로 당황하고 무조건 인내하며 너무 오래 외면하는 것 보다 솔직한 대화와 적절한 대처가 최고인 것 같다.

남편에게 말했었다. 어느 날 갑자기 그 불청객이 당신을 찾아오면 내게도 꼭 알려달라고. 올해도 7월은 여전히 긴 장마로 샤워 중이고 남편으로부터는 지금까지도 별다른 사인이 없는 것을 보니 그의 사랑전선은 아직 이상무인가보다. 아니면 나도 모르게 그냥 지나갔거나.

참 다행이다

심장은 뛰고 다리는 후들거렸다. 엎어지면 코 닿을 거리임에도 걸을 힘조차 없어 택시를 탔다. 자꾸 눈물이 나려했다.

"아저씨, UN빌리지 앞으로 가주세요." 1분도 채 안되어 도착했다. 저만치서 남편과 30대 초반의 남자가 우리 차량을 사이에 두고 서있었다.

"정말 다친 데 없어?" 재차 확인하는 내 어깨를 토닥이며 남편이 나를 더 안심시켰다. 그의 차를 뒤에서 들이받은 25t의 덤프트럭 운전기사도 다행히 다친 데는 없다했다. 그 남자는 구겨진 우리 차의 범퍼를 보며 미안해했고 나는 집채만 한 그의 차를 보면서 아찔했다. 시간 속에서 보험과 차 수리에 관한 모든 일들은 해결이 되었고 남편은 뒤늦은 출근을 했다. 그의 25년간의 무사고 운전 경력은 그렇게 해서 사고 1회를 기록하게 되었다.

그 날은 꿈도 없이 잘 잔 밤이었고 유난히 마음이 편안했던 아침이었다. 남편은 돈 많이 벌어 오겠다며 명랑하게 출근을 했고 창밖의 새들은 그들만의 말잔치가 한창이었으며 사월의 햇살은 더없이 다정했다. 그지없이 아늑한 시간을 음악과 함께 녹여내고 있으려니 문득 평화로운 일상이 고마웠고 고마운 이들의 얼굴도 덩달아 떠올랐다. 그 때 자지러지게 울어대던 한 통의 전화. 내 작은 평화가 남편의 교통사고 소식과 함께 일시정지가 되었다. 천만다행으로 큰 사고는 아니라서 나의 일상은 다시 이어지고 있다.

역시 산다는 게 다 이런 거구나 싶다. 한 치 앞도 알 수 없는 것. 교통사고와는 무관할 것 같았던 내 남편도 자신의 조심성과는 상관없이 누군가에 의해 사고가 날 수도 있고 내가 나쁜 생각을 한다고 해서 나쁜 일만 생기지도 않거니와 당신이 좋은 생각을 한다고 해서 좋은 일만 일어나지도 않는 것. 또한 옳은 것과 그른 것의 사이에서 조금의 망설임도 없이 옳은 것을 선택하던 우리도 때로는 흔들릴 때가 있는. 삶은 그렇게 모순적이고 순진하지도 않으며 영원한 것도 없다싶다. 그러니 기나 긴 인생에 있어서 과연 우리가 무엇을 장담하고 살 것인가. 어쨌든 사월이 그렇게 마무리 되는 줄 알았다. 그런데 아니었다.

남편과 3박 4일 일정으로 제주도를 다녀왔다. 4월의 막바지였던 제주도는 흐린 가운데 뒤늦은 추위에 떨고 있었고 어딘가 을씨년스러웠다.

왠지 내키지 않았던 여행길이어서 일까. 첫 날의 제주도는 마치 집나간 아내를 둔 남자의 후줄그레한 셔츠 같았다. 우리가 머물렀던 호텔 룸의 바다 전망이 그나마 서울로 되돌아가고 싶었던 나를 붙잡았다.

다음 날. 전형적인 봄날의 제주도는 환상적이었다. 혹시 이란성 쌍둥이가 아닌가 싶을 만치 어제의 누추했던 얼굴의 그 섬이 아니었다. 렌트한 빨간 미니쿠퍼의 차 지붕을 열어젖히고 애월 해안도로와 주상절리, 그리고 성산 일출봉과 섭지코지에서 눈이 개운해지고 심장이 터지도록 제주의 바다를 마셔댔다. 마치 혼자 여행 온 여자처럼 카메라와 연애하느라 남편을 곧잘 잊어버리기도 했다. 그래도 남편은 그런 나를 바라보기 좋아하니 그도 참 묘한 남자다.

제주공항에서 신경숙의 《엄마를 부탁해》를 사들고 서울 행 비행기에 올랐다.

시작보다 과정이 만족스러웠던 여행이었기에 마음이 꽤 흡족했다. 집으로 돌아오는 택시 안에서 여행의 결과물인 사진을 보고자 카메라를 찾으니 순간 남편의 얼굴이 하얘지는 게 아닌가. 택시를 타면서 어딘가에 두고 온 카메라. 그리고 추억의 순간들이 그렇게 속절없이 나를 떠나버렸다. 남편이 작년 내 생일 선물로 사주며 나보다 더 흐뭇해했었는데. 김포공항에 분실물 신고를 해놓았지만 아무런 연락이 없었다. 안타까웠다. 그는 나보다 더 심란해했다. 속상한 마음이 지나고나니 내 카메라를 움켜쥐고 있을 누군가에게 괜히 미안해졌다. 우리의 부주의로 그를 시험에 들게 했으니까. 그러나 남편과 나. 우리 둘 다 서로에게 책임 전가를 하지 않고 자신의 불찰이라며 각자를 돌아보는 마음을 갖게 했으니 아주 나쁘지만은 않다.

봄은 밀고 당기기의 선수다. 모든 이들이 그녀의 따스한 온기와 찬란한 아름다움에 열광하다가 어느 순간 그것을 당연시 할 즈음에 꽃샘추위를 한번 날려줌으로서 우리가 다시 한번 그녀의 따뜻한 품을 더욱 그리워하게 하므로.

인생에도 크고 작은 꽃샘추위가 있다. 올 4월은 남편의 교통사고와 잃어버린 내 카메라가 일상 속에 불어온 작은 꽃샘추위가 될 뻔했었다. 카메라는 내 곁을 떠났지만 매사에 너무 많은 것을 남편에게 맡기던 내 자신을 돌아보게 했고 그의 교통사고 소식은 내 간담을 서늘하게 했으나 삶에는 무슨 일이든 다 일어날 수 있음을 다시 상기시켜주었다. 무엇보다 건강한 모습으로 아직도 나만 보면 자꾸 웃는 남편이 내 곁에 있어 참 다행이다.

붉은 눈물의 기념일

주말의 느긋한 아침잠을 깨우던 전화 벨 소리. '저기, 꽃 배달을 하려는데 집 위치가…….'

수화기를 내려놓고 돌아보니 머리에 새 집을 인 남편이 윙크를 했다. 화이트데이를 위한 깜짝 꽃 선물은 물 건너갔지만 그 배려가 고마워서 남편이 제일 좋아하는 보조개 미소에다 뽀뽀까지 얹어줬다. 결혼 내내 잊지 않고 내 생일과 여러 기념일에 꼭 꽃과 선물을 주던 그. 한결같은 사랑에 늘 고마웠다. 그중에서도 내가 가장 잊지 못하는 기념일이 있다.

지금으로부터 6여 년 전이었다. 그 당시 남편과 나는 아랍에미리트의 항구 도시인 두바이에서 살고 있었다. 발렌타인데이를 위한 저녁 식사로 외출 준비를 서두르고 있었다.

"준비 다 됐어?" 자꾸 채근하는 그를 향해 눈을 한번 흘겨주고는 믹 마무리 하려는데 여자의 아랫부분인 거기가 뭉근하니 마치 달거리 할 때의 신호가 왔다. 어딘지 평소와는 다른 느낌. 급히 화장실로 향했다. 갑자기 쏟아져 내리는 붉은 폭포수. 망연자실한 나를 비웃기라도 하듯 붉은 물결은 이내 연못을 내고 호수라도 이룰 것 같았다. 남편을 불렀다. 그러나 욕실 바닥에 툭 떨어진 내 목소리는 그대로 붉음 속으로 가라앉아 버렸다. 얼마의 시간이 지났을까. 남편이 들어서고 그와 나는 잠시 할 말을 잃었다.

응급실에서 수술이 이루어졌다. 조기 유산으로 인한 하혈. 출산을 한 것과 같으니 그에 따른 몸조리가 필요하다는 의사의 말에 남편은 긴 휴가를 내었고 익숙한 전업 주부처럼 집안일을 잘 건사해 주었다. 물론 미역국을 가장 신경 써서 끓여 주었다. 지금 생각해보니 남편의 수고와 배려가 더없이 고마워진다. 그렇지만 그 당시엔 그를 돌아볼 마음의 여유가 없었다. 온 몸의 근육통으로 남편이 시도 때도 없이 주물러주어야 했고, 가벼운 옷가지조차 들 수 없었다. 앉아도 누워도 서 있어도 몸이 편치 않았다. 정말이지 평생을 이렇게 살아야 한다면……. 점점 두려워지기 시작했다. 의사조차 뚜렷한 원인을 알 수 없다고 했다. 가까운 지인들의 말로는 산후풍인 것 같다고 했다. 그러나 그 정도가 너무 심했고 나는 자꾸 무너지고 있었다. 무엇보다 억울했다. 쉽지 않았던 임신과 유산으로 인한 상실감은 마치 앞이 보이지 않는 안개 속을 이유도 모른 채 떠밀려 가야하는 심정이었다. 모든 일상이 중단된 채 어둡고 습한 고통의 늪 속으로 나는 자꾸 가라앉고 있었다.

심신이 무기력의 극치를 달리던 어느 날, 점심시간을 통해 남편이 잠깐 들렀다. 그의 얼굴에선 연신 미소가 벙싯거리고 있었다. 그 때 초인종이 울렸다. 잠시 후 남편이 돌아왔다. 한 아름의 장미꽃을 안고서.

"축하해, 결혼기념일이잖아."

몇 달째 심신이 아픈 와중이라 9주년 결혼기념일을 까맣게 잊고 있었다.

"고마워." 무성의한 내 대답이 끝나자마자 다시 울리는 초인종 소리. 남편이 또 꽃다발을 들고 오는 게 아닌가. 그리고 또. 그의 꽃다발 행진은 그렇게 끝도 없이 이어졌다.

그 날 빨간 장미를 안고 걸어 들어오는 남편의 어색한 발걸음과 눈길에는 많은 말들이 꽃잎으로 흩날리고 있었다. 그 꽃 잎 하나 내 눈 위로 날아와 붉게 녹아내리더니 기어이 눈물이 되어 가슴을 적시고 육신의 고통까지 잠재웠다.

남편으로부터의 장미 꽃 아홉 다발은 그렇게 우리들의 식탁과 소파위에, 그리고 내 작은 무릎과 가슴 안 곳곳에 드리워졌다. 결혼 9주년을 기념한 붉은 향연이 끝난 후 남편을 가만히 안아줬다. 참으로 오랜만에 평화로운 몸과 마음으로 저녁을 맞았다. 창밖으로는 내 집안의 그것과 꼭 닮은 구름 꽃잎들이 하늘을 바알갛게 물들이고 있었다. 하루를 마친 석양은 두 손을 포갠 채 서서히 바다 속으로 잠들어가고 있었다. 늘 보던 풍경이었지만 그 날처럼 그 집이 주는 자연의 배경에 감사한 적이 없었다.

하늘이 별빛으로 수놓아진 밤 이불을 거의 끌어당길 무렵 한 잔의 커피와 함께 무언가를 가만히 내려놓던 남편. 또 가슴이 먹먹해졌다. 언젠가 크리스마스 선물을 사주겠다며 나를 데려갔던 T브랜드 사의 연한 하늘 빛 상자가 '저를 기억하세요?' 라며 수줍게 묻고 있었다. '그럼 기억하고 말고.' 그때 무척 마음에 들었던 팔찌가 있었는데 가격대가 너무 과하다며 내려놓던 나를 기억하고 그가 준비한 선물이었다. 하루를 다하도록 나를 감동시킨 남편에게 처음으로 내가 말했다.

"신랑, 미안해. 아기가……."

남편의 긴 손가락 하나가 내 입술 위에 살짝 놓였다.

"쉿!"

그가 말했다. 우리에게 아기를 대신 할 누군가가 곧 올 거라고. 그게 오늘의 마지막 선물이

라는. 나중에야 알았다. 지금 내 옆에서 햇살아래 늘어신 채 꿈속을 달리고 있는 우리 집 강아지 '순대' 가 그 마지막 선물이라는 것을. 일이 순조롭고 크게 잘 되라는 의미로 붙여진 그녀의 이름 탓인지 순대가 온 이후로 우리에게는 많은 행운이 이어졌다.

나는 남편에게 그 시절의 감동과 배려에 대한 마음의 빚을 지고 있다. 나도 언젠가는 그를 위해 그와 같은 기쁨을 안겨주고 싶다. 그에게 나의 사랑과 배려가 가장 필요한 어느 순간에.

순대와의 전쟁과 평화

암컷 닥스훈트, 올해 여섯 살. 붉은 갈색 빛이 도는 우리 집 개. 그녀의 이름은 순대다.

순대와의 첫 만남은 아직도 생생하다. 겨우 3개월 된 강아지에게서 나는 한 마리 어린 사자를 보았다. 짧은 다리, 체격에 비해 탄탄한 가슴. 너 누구니? 라는 물음을 담고 날 똑바로 쳐다보던 당돌한 눈빛의 그녀. 한 눈에 봐도 기가 보통 센 게 아님을 알 수 있었다. 솔직히 귀여우면서도 좀 무서웠다. 그녀는 나를 거들떠보지도 않았다. 그러나 남편에겐 귀여움 그 자체처럼 굴었다. 짐작했던 대로 순대와의 생활은 쉽지 않았다. 남편이 출근하고 난 뒤 반나절 내내 나는 소파에서 지내야 했다. 순대가 꼬리를 바짝 세우고 호시탐탐 내 주위를 어슬렁거리다가 한 발이라도 내딛을라치면 쏜살같이 달려와 물려고 했기 때문이다. 사존심이 상했지만 결국 남편에게 전화를 걸었다.

"이 강아지 못 키우겠어, 애가 자꾸 물어서 나 지금 소파에서 내려오지도 못한단 말야."

두말하면 뭐하겠는가. 그는 숨이 넘어 가도록 웃고 또 웃었다. 전화를 끊었다. 오기가 생겼다. 내가 저 콩알만 한 것이 무서워 이러고 있다니 하면서. 한 가지 묘안이 떠올랐다. 그녀가 잠시 방심하는 사이 거의 날다시피 달려서 신발장 문을 확 열어젖히고 밤색 가죽부츠를 꺼내 신었다. 곧이어 달려온 순대. 킁킁거리며 내 부츠 주위를 이리저리 탐색했다. 내겐 너무나 무서웠던 그 이빨로 요리조리 살짝살짝 물어보더니 다소 난감한 얼굴로 나를 빤히 쳐다보는 게 아닌가. 오호, 작전 성공. 그제서야 나는 내 집에서 다시 두 발로 걸어 다닐 수 있게 되었다. 순대의 반나절 천하는 그렇게 막을 내렸다. 아, 그러나 또 다른 난관에 봉착했다. 이름하여 '순대와의 대소변 전쟁.'

순대는 시도 때도 없이 아무데나 대소변을 보았다. 나는 영락없는 그녀의 하녀였다.

매일 소독약과 휴지통을 들고 그녀 뒤를 졸졸 따라다녀야 했다. 화를 내보기도 했고 신문지로 엉덩이를 콩콩 때려도 보았지만 다 허사였다. 획기적인 대안이 필요했다. 그러나 별 뾰족한 수가 없다. 결국 화장실 문을 닫고 신문지를 최대한 넓게 편 채 그녀가 소변보기를 한없이 기다렸다. 이럴 수가, 이 아이가 정녕 내 인내심의 한계가 어디까지인지를 시험할 작정이 아니고서야. 한 치의 실수도 용납할 수 없다는 듯이 꼭 신문지와 바닥의 경계선에다 볼일을 보는 게 아닌가. 화를 낼 수도 칭찬을 해줄 수도 없는 애매한 상황을 연출하는 순대의 고집은 주인을 닮아 보통이 아니었다. 한번 상상을 해보시라. 문 닫힌 화장실에 앉아 고집 부리는 강아지와 그 고집을 기어이 꺾고야 말겠다는 미련한 아줌마의 어처구니 없는 하루를. 전쟁에서 이기려면 우선 적을 알아야 했다. 인터넷을 샅샅이 뒤지기 시작했다.

생후 3개월의 강아지는 2~3시간마다 소변을 본다. 하여 우선 그녀가 원하는 곳 아무데서나 볼일을 보도록 한 후 잠시 신경을 껐다. 2시간 이후부터는 일거수일투족을 감시했다. 몇 시간 뒤 순대가 반응을 보였다. 소변이 마려우면 개들은 꼬리를 안으로 말고 끙끙거리며 장소를 물색한다. 그때 소변 지정 장소에 순대를 번쩍 안아다 놓았다. 결과는? 실패였다. 또 고집을 부리고 안하는 거였다. 몇 번을 그러기를 반복했다. 오! 나의 인내심이 천정을 뚫을 즈음 결국 저도 참을 수 없었던지 내가 원하는 장소에다 예쁘게 지도를 그렸다. 만세~

수의사의 조언대로 환호성을 지르며 칭찬에 칭찬을 거듭하고 뽀뽀에다 맛있는 간식까지 주었더니 영리한 그녀, 바로 눈치를 챈 듯 했다.

'아하! 대소변 보지 말라는 게 아니라 지정장소에서 하라는 뜻이었구나.' 딩동댕~

다음은 강아지의 이갈이가 문제였다. 이가 가려우니 뭐든지 물어뜯으려 했다. 내가 취한 방법은 우선 개 껌이나 장난감을 사다주어 그것으로 대용하게 했다. 가구나 소파를 집적인다 싶으면 단호하게 '안돼!' 하며 주의를 주어 이 집안에서 무엇은 물어도 되고 어떤 것은 안 되는지를 스스로 알게 했다. 똑똑한 순대는 금방 알아들었다.

이제 마지막 관문이 남았다. 일찍 엄마의 품을 떠나 온 순대는 '분리불안' 증세가 있었다.

분리불안이란 개들에게 흔히 있는 장애로서 혼자 집 안에 남겨지는 것을 극도로 불안해하는 심리적인 불안감을 말한다. 주인이 외출 후 돌아오지 않을까봐 두려워하는 것이므로 신뢰를 심어주는 것이 필요했다. 방법이 있다. 우선 정말 외출하는 것처럼 가방까지 메고 현관을 나선 후 1분 만에 다시 들어간다. 주의 점은 절대 개에게 시선을 주면 안 된다. 잠시 뭘 찾는 척 하다가 다시 나간다. 2~3분 만에 다시 들어왔다가 또 나간다. 그렇게 10분, 15분, 30분으로 점차 시간을 늘려가며 반복한다. 가만히 지켜보던 강아지는 스스로 느낀다.

'아, 내 주인은 꼭 다시 돌아오는구나.' 라고. 순대의 분리불안 증세도 그렇게 고쳤다. 특히 나의 경우엔 외출할 때에만 사과 사분의 일 조각을 준다. 그것이 순대가 나의 외출을 섭섭해 하면서도 또 은근히 기다리는 이유이다.

순대가 창에 매달아 둔 작은 종을 발로 톡 친다. 자기 화장실 문을 열어 달라는 소리다. 물그릇에 물이 떨어질 때면 '컹' 하고 딱 한번만 짖는다. 리모컨이면 리모컨, 양말이면 양말, 부탁하면 언제든 가져온다. 내가 '안녕하세요~' 하면 저도 고개를 꾸벅 조아리고 '바이바이~'하면 오른 손을 든다. '순대~' 하고 부르면 언제, 어디서라도 두 귀를 펄럭이며 내 품안으로 달려오는 순대. 내 어찌 그런 그녀를 사랑하지 않으리. 가장 히트는 그녀와의 숨바꼭질이다. 내가 어디에 숨어 있든지 반드시 찾아내고야 만다. 내 남편만큼이나 숨바꼭질의 강적이다. 때로는 자기가 꼭꼭 숨은 뒤 '컹' 하고 한 번 짖고는 나 찾아봐라~, 한다.

이것은 순대와 우리 가족의 놀이이며 대화이고 소통방식이다. 개들도 외로움을 타고 지속적인 관심을 원하며 무엇보다 사람들을 웃게 할 때 저 스스로도 가장 행복해 한다.

나와 순대의 전쟁과 평화를 이리도 길고 장황하게 쓴 연유는 그동안 어떤 안타까움이 있었기 때문이다. 어머나, 이 강아지 너무 귀엽다. 꼭 한번 키워보고 싶었다. 등의 가벼운 마음으로 데려갔다가 대소변을 못

가린다는 단 한 가지 이유로도 너무 쉽게 다른 이에게 줘버리거나 심한 경우에는 그냥 버리기도 한다. 버려진다는 것. 비록 동물이지만 그 서글픈 마음의 상처를 어떡할 것이며 이후 유기견이 되거나 어느 보호소에 잠시 머문다 해도 재입양이 되지 못하면 그 말로는 끝내 안락사다.

강아지를 입양한다는 것은 한 생명을 끝까지 책임지겠다는 의지로부터 시작되어야 할 일이 아닐까싶다. 대략 10여 년은 함께 살 마음의 준비가 필요한 일이다.

그렇다면 서로가 서로를 알아가는 시간과 정성을 들여야 하는 것은 당연하다. 그럼에도 많은 이들이 강아지 훈육 법을 찾아보거나 가르칠 시간이 없다한다. 정말 그럴까. 혹, 그럴 마음이 없었던 것은 아니었는지. 만약 그게 아니라면 부디 나와 순대와의 이 경험들이 조금이라도 도움이 된다면 정말 좋겠다.

3

영혼에 든 피멍

부다페스트와 두 남자

TV를 켰다가 껐다. 책을 폈다가 덮었다. 하루가 그렇게 끝나고 있었다.

2009년 5월 29일이 선명한 기억을 남기고 저무는 날 밤에 나는 발코니에 앉아 있었다.

바람이 울어대고 그 바람과 한 몸을 이루며 커다란 나무가 자꾸 제 소리를 냈다. 그저 그렇게 지나가게 두라는 듯이. 그래도 나는 내 심장을 쥐고 있었다. 뜨거운데도 쥐고 있어야만 될 것 같은. 대신 식어버린 커피 잔을 내려놓으며 무심한 하늘가 달도 없는 먼 데를 보다가 자리에서 일어섰다. 내 등 뒤로 종일토록 하늘과 땅을 노랗게 물들였던 하루가 여전히 통곡하는 소리를 냈다. 뜨겁고 노란 심장에 더 많은 상처를 내지 않고 조금씩 잦아들기를 바라며 천천히 마음을 닫고 창을 닫았다.

얼마 전, 남편과 함께 동유럽으로 여행을 갔었다. 헝가리의 부다페스트에서 머물렀던 나흘째 되던 날에 노무현 전직 대통령의 서거 소식을 듣던 날. 나의 휴가는 나 스스로 조용히 끝을 내고 있었다. 성 이슈트반 대성당을 정면으로 두고 좌우 양쪽으로 한가하게 들어선 바&카페에서 하루를 다하도록 무참한 마음으로 맥주를 마셨다. 아이러니하게도 내 평생 맥주가 그렇게 달고 시원했던 기억은 없었다. 우리가 나앉았던 그 카페는 네 그루의 아카시아 나무가 줄지어 늘어서 있었고 그들이 만들어내는 그늘 아래에서 그려지는 풍경들은 다 그림이었다. 미국인인 남편을 포함하여 그 날 그 아름답던 야외의 카페에서 나 말고는 어느 누구도 제 나라의 전직 대통령이 스스로 죽음의 다리를 건너가버린 참담한 소식을 간직한 이는 없는 듯 했다. 그것은 생각보다 서글픈 일이었다.

어느 날 홀연히 우리에게 질문을 던져주고 답은 가져가버리신 분. 정치에 문외한인 나조차도 그 날만큼은 많은 생각들이 오갔다. 그 날 내가 내린 결론 하나는, 적어도 한 나라의 대통령이었던 분이 자신과 자기 가족들의 안위만을 위하여 그런 선택을 하지는 않았을

거라는 거였다. 어쨌든, 부다페스트는 내게 잊지 못할 여행지가 되어버렸다. 이 한 가지의 이유로.

처음 남편과 나의 여행지는 그저 체코의 수도인 프라하가 다였다. 동유럽에 관하여 읽던 중에 무심코 헝가리 편을 읽다가 내 시선이 머문 곳. 헝가리는 집시의 영혼을 가진 나라라는 표현 위에 내 영혼의 반에 해당하는 그것이 반응하며 심장에 신호를 보내왔다. 그리고 한 작가의 이름이 떠올랐다. 산도르 마라이(Sandor Marai)라는 헝가리 출신의 이 작가는 공산주의 체제를 피해 외국으로 망명하여 수십 년을 몸과 마음이 이방인으로 떠돌다 82세의 나이로 캘리포니아에서 스스로 삶을 접어버린, 한때 내게 큰 인상을 준 이였다.

인간의 내면에 대한 깊은 이해와 삶의 본질을 꿰뚫어보는 자만이 가능한 통찰력으로 다양한 상황에 처한 인간의 심리와 운명을 그려낸 그의 글들은 탁월한 문장력이 더해져 번번이 나를 몰아의 경지로 밀어 넣곤 했었다.

그의 작품으로는 《어느 시민의 고백》《열정》《유언》《결혼의 변화》《반항아》……. 조금의 망설임도 없이 프라하에서 며칠을 보내고 헝가리로 날아가기로 했다. 그의 흔적을 조금이라도 느껴볼 수 있는 기회였기에.

부다페스트에서 이틀째 되던 날. 드디어 산도르 마라이의 기념비와 거처였던 곳을 둘러보기로 했다. 발걸음도 가볍게 길을 나섰다. 쉽게 만날 수 있으리라 천진하게 믿으며 산도르 마라이를 찾아 나선 우리에게 행운의 여신은 살짝 장난을 친 것일까? 한 시간을 헤매어도 기념비 같이 생긴 건 어디에도 없었다. 다음 일정에 차질이 생길듯해 그만 포기하려는데 어디선가 날 부르는 소리가 있었다. 오! 나의 해결사인 남편이 찾아낸 것이었다. 어처구니없게도 그 주소가 시작된 초입에 자리하고 있었던 까닭으로 우리가 간과하고 지나쳤던 모양이었다. 사진보다 더 준수한 얼굴의 산도르 마라이가 반신상의 기념비로 앉은 채 두개의 작은 의자를 내어 놓으며 오시느라 수고했다는 듯이 바람 한 점을 보내와 우리들 이마에 맺힌 땀을 식혀 주었다. 무심히 그를 바라보며 앉은 내 오른편으로는 한때 그의 거처였던 곳이 그 작가의 이름과 간단한 이력을 달고서 세월 속에 서있었다.

그는 작품으로서 존재를 다해 내게 말을 걸어온 작가였고 어렵사리 만나서인지 부다페스트에서의 기억은 이것 하나로도 족하다싶었다. 물론, 헝가리식 육개장인 구야쉬와의 낯설지 않았던 만남과 어딘가 김치처럼 시큼한 데가 있는 파프리카향이 곳곳에 배어있던 부다페스트만의 냄새들, 그리고 오월의 태양을 얹고 아름다운 선율처럼 흐르던 도나우 강의 그 금빛 물결들을 어찌 잊을까.

나는 평소에 가장 끔찍한 죽음의 경우 중 한 가지로 사랑하는 사람이나 가족들과 떠난 여행지에서 우연한 사고로 누군가가 세상을 떠나는 상황이 그렇게 비극적으로 느껴질 수가 없었다. 왜냐하면 지극히 행복한 순간의 갑작스런 불행은 그 충격과 상실감이 훨씬 더 크고 깊지 않을까싶기 때문이다.

물론 이번 여행지에서 내게 개인적인 불행이 닥친 것은 아니었으나 남의 나라에서, 더구나 즐거운 여행 중에 내 나라의 전직 대통령이 그렇게 가셨다는 소식을 듣는다는 것은 옳고 그름을 떠나 국민의 한 사람으로서 다시는 겪고 싶지 않은 참담한 순간들이었다. 그리고 그런 일을 겪지 않은 모든 나라의 사람들이 그날 난 참 부러웠었다.

범죄의 냄새

이곳은 서울 중부 경찰서다. 두 남자가 공벌레처럼 책상위에 엎드려 있다. 상의를 머리까지 뒤집어쓴 그들은 택시 강도 피의자들이다. 그들을 둘러싼 웅성웅성한 분위기를 타고 마지막으로 시민들에게 해줄 말이 없느냐는 어느 기자의 화살 같은 질문이 그들의 등에 꽂힌다. 그들 중 한 명이 양심의 통증을 느끼듯 침묵을 깨며 담담한 어조로 이렇게 답한다.

“절대 택시 합승하지 말고 빈 차인지 확인한 뒤 타라는 말을 해주고 싶습니다.”

저 남자의 충고를 우리는 귀담아 들어야 한다. 왜냐하면 지난 2003년 5월 2일자 SBS TV 뉴스로 보도된 바에 의하면 그는 여성 승객들을 대상으로 택시 강도를 벌여오다 경찰에 붙잡힌 2명의 피의사들 중 한 명이다. 그런 자신의 부끄러운 경험을 바탕으로 세상 사람들에게 일러주는 친절한(?) 조언이기 때문이다. 동영상으로 우연히 접했던 저 뉴스를 보자니 내게 일어났던 소름 돋는 그 순간이 다시 떠올랐다.

몇 달 전이었다. 지인과의 점심 약속이 있어 서둘렀는데도 좀 늦을 듯해 가까운 거리였지만 택시를 타기로 했다. 때마침 빈 택시가 내 앞으로 와서 멈추는 게 아닌가.

"아저씨, 요 앞까지만 가주세요." 그 때 친절한 미소를 지으며 돌아보던 택시 기사는 아주 젊은데다가 훤한 미남이었다. 잠시 후, 한남동 오거

리를 앞에 두고 조용히 차를 세우며 뒤돌아보던 그의 한마디. "합승해도 괜찮으시겠죠?" 그 음성은 얼굴만큼이나 깍듯했다. 합승을 원하진 않았으나 금방 내릴 터라 별 생각 없이 동의했다. "아, 네. 그러세요."

그 말이 떨어지기가 무섭게 웬 젊은 남자가 내가 앉아 있던 뒷문을 열려고 했다. 그때까지도 별다른 느낌은 없었다. 그러나 "앞으로 타세요." 라고 손짓으로 말하며 무심코 쳐다본 그 남자의 얼굴을 보자 아! 어디선가 위기 상황이라는 경고음이 들려오고 있었다.

의식의 저 밑바닥에서부터 들려오는 무의식의 적색경보가 점점 높은 음을 낼수록 가슴은 더 서늘하게 내려앉고 있었다. 그 찰나의 순간에 오로지 한 가지 생각만이 들었다. 여기서 벗어나야 한나는 것. 그가 잎자리에 타려고 문을 여는 순간에 "저 내릴래요!" 라는 외마디 소리와 함께 밖으로 튀어 나갔다. 막연한 두려움으로 가슴이 요동쳤다. 택시비를 지불하기 위해 그 차 옆으로 다가설 수도 없었다. 다시 안으로 나를 확 끌어당길 것만 같았기에.

도시의 소음이 우리를 둘러싸고 있는 가운데 그들과 나만이 아는 팽팽한 긴장감으로 한동안 서로를 마주보며, 아니 대치하고 있었다. 그 두려움 속에서도 난 느낄 수 있었다.

그 택시 기사와 젊은 남자가 순조로울 것 같았던 자신들의 계획이 어이없이 실패한데서 오는 참을 수 없는 분노의 숨결을. 잠시 후, 성난 동물의 으르렁거림 같은 차 소리와 함께 그들을 태운 택시가 눈 깜짝 할 사이에 내 시야에서 사라졌다. 잠시 넋을 놓았다. 얼마를 그러고 있었을까. 누워있던 횡단보도의 하얀 줄무늬가 내게 일어났던 일들과 어지럽게 윙윙거리며 퍼즐을 맞추고 있었다.

의혹의 첫 조각을 집어 들었다. 그 기사는 내게만 합승 여부를 물었다. 그 젊은 남자 역시 오거리 앞임에도 불구하고 나와 자신의 행선지가 같은지 확인도 않고서 차에 타려 했었다.

퍼즐의 마지막 조각은 왜 내게 택시비를 받지 않고 그냥 가버렸을까에서 완벽한 의문이 생긴다. 그리고 결론이 고개를 든다. 그들은 팀을 이룬 택시 강도였지 않았을까 라는.

사실 여부는 여전히 미지수이지만 적어도 나의 육감으로는 일어날 뻔했었던 어떤 범죄의 냄새로 강하게 남아있다. 짧은 순간 내가 그 남자의 눈빛에서 감지했던 것은 차갑다는 말로는 부족한 일종의 불안함을 담은 한기였었다. 그는 먹잇감 앞에서 좀 더 침착했어야 했다. 얼떨결에 내가 옆으로 물러나 앉고 그가 차에 오른 채 그대로 문이 닫혔다면... 아! 끔찍하다. 내친김에 택시 강도에 대한 미연의 방지 및 대처법을 인터넷에서 알아보았다.

먼저 기사의 합승 제의에 단호히 거절하고 호의적인 음료수는 수면제일 수 있으므로 정중하게 사양하며 승차 전에 앞좌석의 바닥에 공범이 숨어 있을 수 있으니 확인 후 타기. 그리고 가까운 이에게 전화해 기사와 차량 정보를 알려주는 상황을 택시 기사가 듣게 하는 방법 등이 나와 있었다. 그리고 국번 없이 120으로 전화하면 택시 민원 상담이 가능하다.

이곳 여직원의 안내에 의하면 여객자동차 운수사업법 제5,11,26, 28, 29조에 의해 손님의 동의 여부와 관계없이 택시 합승은 그 자체가 불법이고 처벌 대상이라 했다. 그녀에게 이번 일을 들려주니 정말 위험천만한 상황이었다며 차후에는 택시 기사의 프로필과 차량 번호를 꼭 확인하라는 주의를 주기에 평소의 내 생각을 밝혔다.

여성의 경우 기사 분들이 거의 남자이므로 대체로 뒷좌석에 앉는다. 그럴 경우 기사에 관한 정보를 읽기에는 시력의 한계가 있을 수도 있고 괜히 목을 빼고 보려다 기사분의 마음을 상하게 할 것 같아서 시도조차 않는다. 차제에 뒷좌석에도 기사와 운수 회사의 정보 그리고 차량 번호를 기재해놓으면 좋겠다고 했더니 그녀는 반색을 하며 자신도 나와 꼭 같은 심정이었다면서 본인이 직접 교통 지도 담당관에게 이 일을 건의하겠다고 약속했다. 고마웠다.

나는 택시가 참 좋다. 적당한 비용을 지불하면 냉난방이 확실한데다 원하는 목적지까지 잘 데려다주니 얼마나 고마운 존재인가. 그런데 작금의 세상은 택시를 이용한 범죄가 너무나 많다. 택시 기사가 강도가 되는가 하면 승객이 강도로 돌변하기도 한다. 그들 대부분이 쾌락을 위한 마취제로 쓰일 유흥비 마련을 위해 그런 일을 한다는 데에는 착잡하기 그지없다. 지금 내가 할 수 있는 일은 그저 스스로 조심하는 일 밖에 없으리라 싶다. 하여, 실생활에서 일일이 모든 것을 다 확인해가며 택시를 타기엔 조금은 번거롭게 느껴지는 점도 없지 않으나 이번 일을 겪으며 순식간에 누구라도 범죄의 대상이 될 수 있겠구나를 절감하고 보니 다소의 불편함을 감수 할 충분한 이유가 된다 싶었다.

타인, 그 시선으로부터의 자유

엘리베이터의 문이 열렸다. 고개를 약간 숙인 그 아래로 갸름한 턱 선, 단정한 입매의 분홍색 캡 모자를 쓴 여자가 그림처럼 서 있었다. '참 예쁘다.' 라는 속말이 절로 나왔다. 예기치 못한 상황인 듯 더 깊이 고개를 숙이던 그녀는 현재 국내에서 최고에 속하는 여배우 K였다. 당황한 그녀와 내 반가움이 교차하며 우리 집 9층으로 올라가는 엘리베이터의 문이 닫혔다. 늘 타인의 시선을 의식하고 살아야 하는 그 삶이 어쩐지 안쓰러웠다. 얼마 후 다시 한 번 그런 상황이 주어졌고 그때는 K를 지켜줄 모자도 없었다. 그녀를 위해 내가 해줄 수 있는 것은 '난 당신을 모릅니다'라는 무심한 표정이었다. 유명인을 만났을 때 경우에 따라 무관심한 듯한 내 표정관리는 아래와 같은 몇 번의 경험에서 얻은 것이다.

첫 번째 기억. 남편과 내가 미국에서 살던 십여 년 전 시카고에서 서울로 출장 가는 그를 따라 나도 동행을 했다. S호텔에 머물렀던 어느 날 아침. 레스토랑으로 가기 위해 엘리베이터 앞에 섰다. 무심코 옆을 보았다.

"어머, 정명훈씨 아니세요? 프랑스에선 언제 오셨어요?"

"아, 네, 저……."

"신랑, 이 분은 유명한 지휘자이신……, 정명훈씨, 이 쪽은 제 남편……."

두 남자는 꽤 반가운 듯이 서로 악수를 나누었고 짧은 시간이었으나 우린 제법 많은 얘기들을 나누었다. 마치 오랫동안 잘 알던 사이처럼. 엘리베이터가 식당이 있는 곳에 당도할 즈음 갑자기 얼굴이 화끈거렸다. 프랑스에서 성악 공부를 하던 친구로부터, 그리고 TV와 여러 매체를 통해 자주 보고 듣던 사람을 우연히 만나고 보니 나도 모르게 너무 허물없이 다가섰던 거다. '우리가 언제 만난 적이 있었던가요?' 라고 차마 물을 수도 없었을 그. 얼마나 황당했을까. 문이 열리자 가벼운 목례를 나눈 후 앞서 걸어가는 그의 뒤통수는 이렇게 말하고 있었다. '도대체 저 여자가 누구지? 어디서 만났더라?' 난 필사적으로 남편의 팔을 잡아끌며 최대한 천천히 걸었다. 그가 식당 입구에서

좌측으로 들어가는 것을 본 후에야 멀찍이 떨이진 반대편으로 가서 앉았다. 아니나 다를까 남편이 슬쩍 물어왔다. "잘 아는 사람이야?" 짧고 굵은 나의 한마디는 "아니." 눈치 없는 남편은 이것저것 자꾸 물어댔다. 급기야 손가락 하나를 그의 입에 갖다대며 "나중에."

그 날 아침 그의 머리가 새 집을 눌러놓은 듯 부스스했다는 것을 아직도 내가 기억하듯이 그 아침의 내 주책을 지금도 그가 기억할까봐 조금은 신경이 쓰인다.

두 번째 기억. 삼십대 중반 즈음 보름 정도의 일정으로 크루즈 여행을 한 적이 있다. 스페인의 마드리드 항구에서 출발해 지중해의 6개국을 경유하는 거였는데 거기서 또 한 사람의 유명인을 만났다. 재미교포 출신의 유명 MC, 쟈니 윤이었다. 당연히 반가웠다. 그러나 시선을 돌렸다. 그를 모른다는 듯이. 지난 날 지휘자 정명훈에게 보여준 나의 주책이 떠올랐기 때문이었다. 더구나 관계를 알 수 없는 여자 분도 동행하고 있었기에. 그런데 웬일인지 자꾸 마주치는 게 아닌가.

그는 나를 보며 짐작해보는 눈치였다. 한국인인지 중국인인지 일본인인지를. 나도 그의 생각을 가늠하기 시작했다. 그가 휴가를 방해받고 싶어 하지 않는지 아니면 예의상으로라도 좀 알은체 해주기를 원하는지에 관하여.

선상 파티가 있던 날 밤, 우연히 그들을 또 만났다. 결정했다. 인사를 건네기로.

"안녕하세요? 쟈니 윤씨." 그러자 기다렸다는 듯이, 그리고 내가 한국인일줄 알았다는 것처럼 반갑게 악수를 청했고 동행한 여자가 자신의 아내라며 소개했다. 나 역시 남편을 인사시키고 짧은 얘기를 나눈 뒤 헤어졌다. 그 이후로 그리스 산토리니 섬의 어느 푸른 길목에서, 모나코의 그림 같은 카페를 지나며 우연히 만날 때마다 우리는 짧거나 긴 얘기들을 주고받았다. 특히 남편과 그는 꽤나 죽이 잘 맞았다. 덕분에 그런 그들을 남겨두고 가는 나의 쇼핑 시간이 무한대로 늘어났음은 당연지사다. 물론 대체로 윈도우 쇼핑이었지만.

남편과 나는 스타도 유명인도 아니다. 그러나 서양인과 동양인 커플인지라 세상 어디를 가도 정도의 차이만 있지 여전히 사람들의 시선을 끈다. 아무리 국제결혼이 더 이상 특별할 것 없는 세상이 되었다지만 아직도 소수에 속한 것만은 사실인지라 타인들의 이목이 집중될 때면 그 시선에서 놓여나고 싶을 때가 종종 있었다. 그래서 원치 않는 관심을 받을 때의 그 곤혹스러움을 조금은 이해한다. 그래도 이젠 다양한 삶과 사랑에 대한 인식의 변화 때문인지 호기심어린 눈길도 많이 걷혔다. 그러나 스타의 삶은 갈수록 더 사적인 공간을 잃어가는 것 같아 안타깝다. 인터넷의 대중화로 인한 가장 큰 피해자는 어쩌면 그들일지도 모른다.

예의 그 여배우 K와 우리 집 강아지 '순대'를 사이에 두고 엘리베이터에서 몇 번이나 얘길 나눴다며 은근히 자랑하던 남편이 어느 날은 산책을 나서다 말고 종이와 펜을 챙기는 게 아닌가. 이번에는 꼭 사인을 받겠다며 벼르기에 조용히 한숨 섞인 한마디를 했다.

"제발 그녀를 좀 내버려둬, 당신은 외국인이라 자기를 모를 거라 생각하고 그나마 평범한 이웃처럼 다가섰을텐데……."

"그런가? 알았어, 그래도 이사 가기 전엔 꼭 받을 거야."

"그러시든가, 아~ 나는 오랜만에 배용준 사진이랑 눈 좀 맞춰야지이~."

그런 내가 귀엽다는 듯이 남편이 웃었다. 나 역시 그녀가 너무 미인인지라 질투는커녕 그림속의 떡(?)에게 열광하는 그가 오히려 사랑스러웠다.

가는 말이 고와야 오는 말도 곱지

2009년 여름 어느 오후였다. 집 근처의 은행에서 볼 일을 마치고 나오는데 중년의 두 여인이 조금 앞서서 계단을 내려가고 있었다. 양쪽으로 화단이 잘 조성돼 있었다. 그러나 무더운 여름이 토해내는 열기에 다소 지친 듯 화초들은 생기가 없어보였다. 그 때 화단 위로 무언가가 휙 날아왔다. 두 명의 중년 부인 중 한 명이 내던진 은행용 종이봉투였다. 그것은 아무리 작게 구긴다 해도 그렇게 던져버리기엔 제법 큰 부피였다. 자신의 의지와 상관없이 나동그라져 있던 종이봉투가 내게 말하는 듯했다.

'저도 알아요, 제가 가야 할 곳은 쓰레기통이란 걸요. 하지만 전 제 발로 갈 수 없는걸요.'

그 쌃은 순간에 여러 생각들이 오갔다. 그냥 말없이 주워서 쓰레기통에 버릴까 아니면 저 아주머니들께 직접 말씀드릴까 망설이다가 그 중간을 택했다.

"어머, 세상에!" 화단 위의 쓰레기를 보며 짧고도 긴 탄식을 내뱉었다. 동시에 뒤돌아보던 그녀들. 흉하게 널브러져있는 쓰레기봉투와 그것을 처연히 바라보고 있는 나를 번갈아 보더니 두 부인들 중 누군가가 낮게 속삭였다.

"은행 안에 쓰레기통 없었어?"

민망해하는 한 여자 분의 말이 떨어지기가 무섭게 남은 한 사람이 얼른 쓰레기를 주워들었다. 말하지 않아도 우린 말을 한 것이나 다름없었다. '쓰레기는 쓰레기통에.' 라고.

그때 난 간접적으로 그녀의 실수를 일깨워준 내 자신이 좀 마음에 들었다. 직접적으로 말하지 않고도 얼마든지 스스로 시정하게 할 수도 있었는데 이번엔 왜 그렇게 못 했는지 생각할수록 심란하다. 무슨 일인고 하니.

우리 집 건너편에는 작은 평수의 네일숍이 있다.

그동안 주인은 한 차례 바뀌었지만 근 4년 정도 드나들어서인지 갈 때마다 마음이 참 편해지는 곳이었다. 아무리 동네숍이라 해도 예약은 필수일 만치 단골도 많다. 그 날도 반가운 얼굴로 서로 인사하고 돌아보니 웬 30대 중반의 남자가 손 관리를 받고 있었다. 개인적으로 네일숍에서 관리 받는 남자를 보는 것은 처음이지만 뭐 그리 특별할 것도 없었다. 그런데 가만 보니 테이블에 한쪽 팔을 벤 채 비스듬히 누워 여직원과 이런저런 얘기를 나누는 폼이 서로 친분이 좀 있어보였다. 그리 보기 좋은 풍경은 아니다 싶었지만 그런가보다 했다.

문제의 발단은 그 남자가 핸드폰으로 전화를 걸어대기 시작하면서 부터였다. 그는 전화 한 통을 왁자하게 끝내더니 또 걸고 또 걸고……. 그 작은 가게 안에서 그날따라 손님이라고는 딱 둘인데 아무리 안 들으려 해도 전혀 알고 싶지 않은 그의 마사지 예약 건, 사적인 약속, 기타 등등을 귀가 울리도록 듣고 있자니 참 언짢았다. 처음 든 생각은 어쩜 저리도 예의가 없을까였다. 거기에 생각이 미치자 좀 불쾌해지기 시작했다. 나는 그 곳에 돈을 지불하고 조용한 가운데 원하는 서비스를 받으러 가지 않았던가. 그런데 저 남자가 내 권리를 함부로 짓밟는다 싶으니 점점 더 기분이 나빠지는 거였다. 결국 한 마디를 했다.

"아저씨, 전화 좀 그만 하시죠."

"아니, 내 핸드폰 갖고 내가 전화하는데 뭐 잘못됐어요? 그 쪽은 전화 올 데도 걸 데도 없나보죠."

앞서 보여준 그의 행동으로 봐서 충분히 짐작했어야 했다. 그는 능글맞은 얼굴과 목소리로 공중도덕에 대한 기본적인 개념조차 없는 이처럼 굴었다.

처음 얼마 동안은 그 남자에게만 모든 잘못을 돌리고 몹시 속상해했다. 그런데 시간이 지나고 감정도 좀 누그러지자 슬며시 오래 전의 그 쓰레기봉투 일이 생각난 것이다. 물론 그 남자가 교양 없는 행동을 한 건 사실이다. 그렇지만 나 역시 그렇게 대놓고 지적을 했었어야 했나 싶다.

아저씨의 사전적 의미는 혈연관계가 없는 어른을 친근하게 부르는 말이다. 그러나 그 날 내가 그를 향해 칭한 호칭인 '아저씨' 에는 다분히 그를 비하하는 듯한 감정이 배어 있었을 것이다. 그 자체로 이미 그의 기분도 유쾌하진 않았을 게다. 그러자니 자신의 잘못을 돌아보기는커녕 그도 감정이 먼저 앞섰겠지. 같은 말이라도 부드럽게 건넸으면 좋았을 것을.

곰곰이 생각해 봤다. 다시 그런 상황이 주어진다면 어찌할 것인가를.

"어머, 목소리가 참 좋으시네요, 노래도 잘 하시겠어요."

"아, 네 그런 말 좀 듣습니다." 하하하~

"네, 어찌나 목청이 좋으신지 쩌렁쩌렁해요." 호호호~

그도 위의 두 여인처럼 굳이 말하지 않아도 저절로 깨닫지 않았을까. 아, 내가 공공장소에서 좀 심했구나하고.

내 인생과 남의 인생 구분하기

남편이 떠났다. 보름간의 긴 해외 출장길에 나선 것이다. 혼자만의 시간, 그것은 13년차 주부에겐 시원하고도 섭섭한 미묘한 감정을 안겨줬다.

우선 시원한 자유부인이 되어 가까운 지인들을 불러 낮 잔치를 열었다. 그래봐야 내가 마련하는 건 월남 쌈이 다였다. 스스럼없는 대화와 웃음들 속에 몇 잔의 와인이 돌고 적당한 풀어짐 가운데 더없이 편안한 시간들이 흘러가고 있었다. 그러면서도 마음 한구석은 자꾸 핸드폰을 흘깃거리곤 했다. 후배 K로부터의 전화를 기다리고 있었기 때문이었다. 그러다 어느새 여인네들의 웃음잔치 속으로 슬며시 발을 담근 채 까맣게 잊어갔다.

"언니, 또 딸이래요."

무겁디무거운 한마디를 내려놓고 전화기 저 너머로 무너져있던 두 딸 아이의 엄마이자 한 집안의 맏며느리인 K. 대를 이을 아들을 낳기 위해 갖은 노력을 다해 가까스로 임신을 했다며 행복해하던 그녀였다. 그러나 37세의 고령 임신이라 받아본 기형아 검사 과정에서 알게 된 아이의 성별이 또 딸이라니. K는 아이를 낳아야 할지 말지 사이에서 깊은 갈등을 하고 있었다. 그녀가 선택하는 삶에 관한한 난 입을 다물고 싶었다. 왜냐하면 누군가가 내 인생에 대해 지나친 관여와 강요로 나를 힘들게 했넌 기억들이 있기 때문이었다. 그 기억의 통증들이 중동의 스위스이자 홍콩인 아랍에미리트의 두바이에서 살던 어느 시절로 데려다 놓았다. 그곳에서의 4년 여의 시간들은 냉탕과 온탕의 기억들로 남아있다. 오늘은 냉탕의 기억들이 나를 잡아당겼다.

새의 날개마냥 양쪽으로 길게 늘어서있는 빌딩들 가운데로 바다가 하늘처럼 펼쳐져있던 우리 집 거실은 석양 무렵이면 그 아름다움이 하루 중 절정을 이루었다. 일년 내내 계절의 변화가 크게 없는 사막의 나라는 비도 잘 오지 않아 그날이 그날 같은 풍경이었지만 그 시간만큼은 자연의 아름다움을 느낄 수 있어 지인들도 우리 집에서의 해질녘을 퍽 좋아했다. 티타임을 가졌던 어느 날이었다. 하루를 다 살아낸 태양이 무참하리만치 아름다운 낯빛으로 막 작별하려는 순간 침묵을 깨는 소리가 있었다. A였다.

"자기는 왜 애를 갖기 위해 적극적인 모든 방법들을 다 동원하지 않아?"

"전에 다 말씀드렸잖아요."

A는 전에도 그랬고 지금도 내 생각에 동의 할 수 없다 했다. 그녀는 모르고 있었다. 내 인생의 선택에 관한 한 그녀의 동의는 필요치 않다는 것을.

"내 동생 같으면 싫다고 해도 벌써 내 손에 끌려가 산부인과에서 온갖 방법을 다 강구했을 거야, 결혼을 하고도 아이가 없는 가정은 동거 생활에 지나지 않아."

내 인생과 남의 인생을 구분하지 못한 채 타인의 삶을 좌지우지 하려던 그녀의 배려 없는 말들은 참 아팠다. 언어가 폭력이 될 수 있음을 그때 절감했다.

현대 사회는 무척 다양한 형태의 결혼 생활과 가정이 존재한다. 부부와 자녀로 이루어진 가정도 있고 독신이나 한 부모 가정도 있으며 우리 부부처럼 자녀가 없는 가정도 있다.

부부와 자녀가 있는 가정이 이상적이긴 하나 그것만이 정상적이라는 시각은 바뀌어야 되지 않을까 싶다. 각자의 상황이나 개인적인 의지로 현대인이 원하는 삶의 방식은 거의 비슷하지만 또한 다 다르다.

우리의 경우 자연스럽게 아이가 생기길 원했지만 유산이 되는 등 임신이 여의치 않았고 주치의도 원인을 알 수 없다 했다. 시험관 아기는 내키지 않았다. 그나마 다행인 것은 남편과 내가 아이에 대한 집착이 그리 크지 않다는 거였다. 인생이 늘 그렇지 않은가. 불공평한 듯 공평한.

그러므로 삶이 내게 주지 않는 것을 원망만 하느니 차라리 우리에게 허락한 것에 더 큰 감사와 의미를 두고 싶었다. 그래서인지 언젠가부터 피치 못할 곡절로 부모가 제대로 부양을 할 수 없는 가정의 자녀들, 사별로 인하여 자신의 의지와 상관없이 부모의 품을 일찍 잃어버린 아이들이 눈에 보이고 귀에 들려왔다. 우리 부부의 관심은 차츰 그쪽으로 기울어갔다. 아무래도 우리의 역할은 그쪽인 듯싶었기에. 그래서 미력하나마 나눔을 하고 있다. 그것은 누가 누구를 돕는 행위라기보다 서로 함께 행복해져가는 그 무엇이라고 여기며. 그리고 입양도 고려해보고 있다. 그런데 A는 이런 우리 부부의 생각을 동의 할 수 없다했다. 뭐니뭐니해도 친자식이 최고라며. 틀린 말도 아니고 다 맞는 말도 아니다.

남편의 부재로 잠시 자유부인이 되었지만 두바이에서의 아픈 기억들이 되살아나서인지 그가 없는 빈 공간이 무척 허전했다. 그이가 얼른 돌아와 시원하고 씁쓸했던 자유부인의 파티를 그만 끝내주었으면 싶었다. 얼마 뒤 K에게서 전화가 왔다. 아이를 낳기로 했다는. 잘 된 일이다. 이후로도 내용은 좀 다르지만 A같은 사람을 더 만나야 했다. 난 이제 좀 피곤하다. 타인에게 자신의 생각과 자기들 삶의 방식만이 옳다고 믿는 닫힌 생각의 소유자들에 대해, 그리고 강요자들 때문에.

훔쳐보는 눈, 엿듣는 귀

오늘은 여기까지. 더는 나아갈 수 없다는 듯이 단어와 문장들이 딱 멈춰선 채 요지부동이었다. 그래? 그렇다면 할 수 없지. 남은 미련을 툭 털어내듯 기지개를 쭈욱 켜며 컴퓨터를 끄고 거실로 향했다. 익숙한 발소리라는 듯 쓰윽 돌아보는 햇살과의 눈 맞춤이 정겨웠다.

아침나절부터 시작된 글쓰기와의 비행, 좋았다. 상상의 날개에 올라탄 채 거침없이 날아오른 황홀했던 순간, 멈추고 싶지 않았다. 하여 핸드폰이 자지러지게 울고 아파트 경비실로부터의 인터폰이 애타게 불러도 응하지 않았다. 급한 용무라면 문자를 남기겠지 하며. 아침을 굶은 나만큼이나 시장하다는 DVD 플레이어에다 가수 이은미의 《소리 위를 걷다》를 한 입 쏙 넣어주었다. 허스키한 음성이 물결처럼 흐르며 찰박 찰박 거실의 발복을 적셨다. 기억과 삼성 사이를 좀 서닐다 욕조에 물을 받고 샤워 젤을 풀었다. 보송보송 재잘대는 거품들의 수다가 부~ 부~. 나도 이 생각 저 생각으로 부~ 부~.

흐르는 물줄기에 손을 대 보았다. 그만하면 물 온도도 적당한 듯 했다. 그렇게 지극히 사적인 내 일상이 시작되려는 그 때 현관 밖에서 들려오던 가까운 듯 먼 소리. 뭐지? 하며 문 쪽으로 다가섰다. 세상에나 안에서 잠겨져있던 현관문이 저 혼자 스르륵 열리는 게 아닌가. 쿵! 심장 떨어지는 소리와 함께 말문이 콱 막혔다.

"어, 계셨네요? 아래층 천정에 자꾸 물이 새서 혹시 이 집 욕실에 문제가 있나 해서요."

아파트 경비실 직원이었다. 아무도 없는 줄 알고 들어섰음에도 별반 놀라지 않는 태도에 내가 더 아연실색했다. 그는 그 정도의 설명이면 충분하다는 듯 조금의 주저함도 없이 집수리 기술자인 듯한 남자와 손님용 욕실로 성큼성큼 향했다. 두런두런 대는 그들의 음성, 표현할 길 없는 감정이 교차하고 있었다. 잠시 후 한 마디 말도 없이 다시 나가는 두 남자.

"잠깐만요, 지금 뭐 하시는 거죠?"

정색을 하고 묻는 내게 오히려 질책하는 듯한 눈빛과 목소리로 그가 말했다.

"아까 인터폰하고 핸드폰으로 연락을 드렸는데 안받으시데요?"

"제게 오는 전화를 받고 안 받고는 제가 결정합니다. 그리고 전화를 받지 못하는 상황일 수도 있잖아요."

아차! 싶었던지 갑자기 자세를 고쳐 서며 죄송하다는 그.

"그만한 일로 남의 집을 허락도 없이 함부로 열고 들어오다니요, 제가 만약 샤워 중이었거나 막 마치고 나오는 길이었다면 어쩔 뻔 했습니까."

그는 그제서야 사태의 심각성을 인식한 듯 거듭 죄송하다는 말과 함께 고개를 떨구었고 그 의기양양하던 얼굴은 벌겋게 물들어 가고 있었다.

그가 떠났다. 그리고 난 문을 잠갔다. 그러나 그 문은 더 이상 잠겨진 문이 아니었다. 끝 간 데 없는 분노가 쓰나미처럼 나를 덮쳤다. 상상할 수 있는 모든 일들이 빛의 속도로 지나갔다. 그동안 내 일상이 몽땅 발가벗겨지고 있었던 건 아닐까? 이런저런 의혹들이 뱀의 아가리처럼 고개를 들어올리던 순간, 그것은 '공포' 그 자체였다. 전화를 걸었다. 총알처럼 달려온 남편. 처음 보았다. 그가 누군가에게 그토록 화를 내는 모습은. 파출소에선 명백한 사생활 및 거주 침입이며 고소감이라 했다.

그 경비원에 대한 평소의 내 생각은 선을 넘지 않는 예의와 친절, 그리고 책임감이 강한 성실한 사람이었다. 아마도 그는 아래층 집 문제 해결에 골몰하느라 자신의 행동이 얼마나 심각한 사생활 침입인지를 인지하지 못하고 한 행동일 것이다. 이후 그는 자신의 월권행위에 대해 진심으로 부끄러워했고 깊이 사과했다. 쉽진 않았으나 한 집안의 가장이고 나쁜 마음을 먹고 한 일도 아니며 처음이라 하니 어쩌겠는가. 그냥 넘어

가기로 했다.

현관 자물쇠는 이틀 후에나 교체 가능하다고 했다. 그러나 그 이틀 밤을 어찌 제대로 잤겠는가. 당장이라도 누군가가 들어설 것만 같았다. 씻기지 않는 찜찜함과 혹시? 하는 마음에 도청이나 몰래 카메라 설치를 감지해내는 회사에 의뢰할 생각까지도 했었다. 그 후유증은 아직도 남아 가끔씩 내 집 전화기와 벽, 그리고 컴퓨터와 가구들을 의심의 눈초리로 가만히 쳐다보곤 한다.

한동안 뉴스와 신문에선 온통 불신의 눈과 마음들로 엉망진창이었다. 상상해보라. 우리가 모르는 어느 곳에서 누군가가 매일 당신의 일상을 훔쳐보고 엿듣는다면. 그대와 나의 컴퓨터 안을 휘젓고 다니며 지극히 개인적인 메일을 읽고 심지어 미행까지 한다면? 그야말로 유리상자 안의 다 들여다보이는 인생이다. 그것은 살아도 사는 게 아닐 것이다. 그런데 그런 일들이 TV 프로그램이나 영화도 아닌 현실에서 버젓이 일어났다. 본인의 의지와 상관없이 타인에게 무방비 상태로 노출되고 휘저어진 삶, 민간인 불법사찰 파문이 바로 그것이다. 나는 그 누구보다 경악했다. 왜냐하면 나를 훔쳐보는 눈과 엿듣는 귀를 인식하고 살아야 한다는 것은 영혼의 감옥살이라는 것을 짧게나마 직접 경험했기 때문이다. 누구라도 유리상자 같은 감옥 속 수인이 될 수 있는 사회. 아, 상상만으로도 끔찍하지 않은가.

영혼에 든 피멍

동그스름한 얼굴에 환한 얼굴색의 보름달 같은 미소를 지닌 그녀는 아랍인이다. 그리고 대형 슈퍼마켓의 계산원이었다.

백인과 아랍인이 계산을 치를 때면 달에서 우윳빛을 발하며 천사처럼 웃던 그녀. 그러나 아시아인이 그녀 앞에 서면 무표정하다 못해 차디찬 겨울 달빛이 되었다. 물론 내게도 예외는 아니었다. 그것은 비록 소극적이긴 했지만 이름하여 인종차별이었다.

해외주재원인 남편과 4년여 동안 거주했던 아랍에미리트의 두바이에서 동양인으로 살아간다는 것은 생각보다 힘들었다. 눈에 보이지 않는 어떤 선이 그어져있는 사회 같았기 때문이다. 어느 주말에 그 대형 마켓의 아시아 식품 코너에 갔더니 중국, 일본, 심지어 태국의 웬만한 음식

재료는 다 있는데 유독 한국 식품만 없었다. 그 일대는 상당히 많은 한국인들이 거주했으므로 나를 포함한 다른 한국인들의 편리와 필요성을 위하여 건의 할만하다 싶어 고객 서비스코너에 갔는데 예의 보름달 그녀가 있는 게 아닌가. 내키진 않았으나 그렇다고 그냥 돌아서는 것은 더 내키지 않았다. 내가 찾아온 이유를 설명하자 쳐다보지도 않고 건성으로 듣는 것이었다. 미국인인 남편이 보다 못해 따지자 그제서야 한 번 더 말씀해주실 수 있느냐며 상냥하게 물어보는 것이 아닌가. 남편이 내 아내에게 들으라고 하자 차갑고 무시감이 가득한 얼굴로 나를 바라보았지만 난 자제심을 가지고 다시 설명했다. 그러나 그녀는 또 나를 투명인간처럼 대했다. 거기까지였다. 내가 더 이상 그녀를 인내 할 이유가 없었다.

“이름이 뭐예요?” 서늘한 내 물음에 그제서야 내 눈을 맞추더니 가슴팍에 있는 이름표를 가리키며 ‘왜?’ 라고 묻는 듯했다.

"손님에게 이렇게 불친절하고 무례한 당신의 업무 태도에 대해서 당신의 상사와 얘기를 좀 해야겠어요.” 라고 하자 안하무인의 그녀는 나를 아래위로 한번 훑어보더니 싸늘한 미소를 지으며 “당신 마음대로 하세요.” 라고 했다. 집으로 돌아오는 길에 모멸감으로 가슴과 얼굴이 탈 듯했다. 독일의 법학자인 예링(Rudolf Von Jhering)은 그의 세계적으로 유명한 인권 법학의 명저인《권리를 위한 투쟁》에서 이렇게 말했다.

자기 인격에 대한 권리 모독을, 취할 수 있는 모든 수단을 사용해서 물리치는 것은 자기 자신에 대한 각자의 의무다. 그러한 모욕을 참음으로써 그는 자기 일생에서 한 순간이나마 무법상태를 승인하는 것이다.

만약에 그곳이 한국의 대형 마켓이었고 같은 한국인인 어느 직원이 내게 그런 언행을 했다면 그저 불친절한 직원이구나라며 넘어갈 수도 있었을 것이다. 그러나 그곳은 아시아인에 대한 차별이 심한 중동인데다가 무엇보다 아랍인인 그녀가 백인인 남편과 나를 대하는 게 너무나 달랐으므로 그녀의 말과 행동을 인종차별로 보지 않을 수 없었다. 나는 내가 납득 할 수 없는 이유로 그녀에게서 그런 부당한 대우를 받을 까닭이 없다고 생각했다.

더구나 내가 한국인이라고 밝힌 이상 나는 그것을 나 개인의 모욕으로 덮어둘 수는 없었다. 그녀의 직속 상사이자 직원 관리 책임자인 이와 통화를 했다. 평소 아시아인에 대한 그녀의 태도와 이번 일로 볼 때 그녀가 인종 차별을 하는듯하다는 나의 말에 그는 민감한 반응을 보이며 거듭 사과했다. 그리고 즉시 조처를 취하겠다고 했다. 나는 그저 그녀의 진심어린 사과면 족하다고 했다. 그녀에게서 전화가 왔다.

"마담, 저의 무례한 언행으로 불쾌하셨다면 진심으로 죄송합니다."

"정말로 내게 미안합니까?" 짧으나 한결 선해진 그녀의 대답. "네."

"그렇다면 그 사과 받아들일게요. 당신은 참 예쁜 미소를 가졌던데 어느 특정한 손님들에게만 보여주지 마시고 모든 손님들에게 같은 마음으로 대해주시면 어떨까요."

"네. 다음부터는 저의 친절한 미소를 보실 수 있으실 거예요." 그렇게 그녀와의 통화는 끝났다. 그 이후, 그녀와 나는 오가는 미소 속에 서로의 안부까지 묻곤 하였다. 그러나 얼마 후에 우린 다른 지역으로 이사를 갔기에 보름달 같던 그녀의 미소를 더는 볼 수 없었다.

이 에피소드를 쓰다보니 그 때 남편과 나누었던 대화가 생각난다.

"이번 일로 그녀의 인종 차별적인 생각이 정말로 바뀌었을까?"

"글쎄. 모르긴 해도 이젠 그렇게 안하무인격으로 자신의 생각을 드러내기엔 좀 주저 될 테고 그러면 그녀로부터 그런 모욕스러운 감정을 겪는 이가 조금은 줄어들겠지. 그것만으로도 내겐 의미가 돼." 그러자 남편은 그런 일을 겪은 나에게 괜스레 자신이 미안해했다.

그에게 말했다. "당신이 내게 미안해할 일은 아니지, 그저 21세기에 백인에다 미국 시민권자로 살아가는 게 당신에게 주어진 복이라면 복이지 뭐." 나를 빤히 바라보던 남편이 고개를 끄덕이고 있었다. 그 끄덕임 속에는 나와 내 나라에 대한 나의 자부심과는 상관없이 냉정한 세상의 인심에 따라서 백인에다 미국인인 그의 옆에서 황인종이며 한국인인 내가 느낄 상대적인 박탈감을 염려하는 그의 마음도 함께 끄덕이고 있었다.

지난 시절 내가 거주해보았던 미국과 영국. 그곳에서도 인종차별은 분명 존재했었다. 그러나 중동에서 내가 그것을 더욱 절실하게 느꼈던 이유는 대체적으로 동양인의 사회적인 지위가 아랍인이나 백인에 비해 현저히 낮았고 인종차별에 대한 법적인 제재가 강하지 않았으므로 빈번하진 않았으나 좀 더 직접적이고 노골적인 차별을 받았기 때문이다.

오랜 세월동안 인종차별이라는 편견으로 지속적인 무시와 인격적인 모욕감을 경험하고 살았을 흑인들이 자기 존재를 인정하며 자부심을 잃지 않고 살기란 얼마나 어려운 일이었을까. 진실로, 그 시절만큼 내가 그들의 아픔을 가슴깊이 이해한 적이 없었다.

인종차별은 인간의 존엄성에 무자비하게 가하는 정신적인 폭력이며 누군가의 영혼에 지워지지 않는 피멍을 남기는 일이다. 그런데 유감스럽게도 한국인이 다른 유색인종에게 그 같은 언행을 하는 것도 나는 종종 봐야 했다. 자신들도 분명히 인종차별을 당하고 있을 텐데 그 누군가에게 또 다른 차별을 가하는 이들에 대해서 난 이해 할 수 없었다.

4

내게 봄 같은 사람

눈은 사르락, 슬픔은 펑펑

2009년 12월의 어느 날, 첫 눈이 왔다.

'언니, 눈이 와요.' * *

* * * * *

* * *

* 아는 후배가 보내 온 핸드폰 편지.

20대의 그녀에게선 처음이라는 것에 대한 설렘과 반가움이 훅 끼쳐오는데 같은 시간, 같은 눈을 바라보던 마흔 둘의 나는 이러저러한 이유로 마음이 서걱대고 있는 중이었다.

2010년 1월 4일, 늦은 잠에서 깨어나 창을 여니 잿빛 하늘은 꽁꽁 언

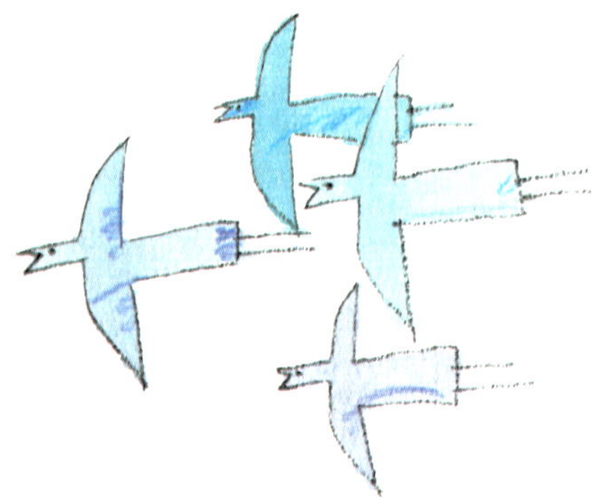

겨울 강처럼 드러누웠고 추억은 갈 데를 몰라 서성이고 있었다. 빈 나뭇가지가 베개인 양 깜빡 잠이 든 걸까. 까치는 미동도 않는다. 온 세상천지가 목화솜이불로 폭 싸여져 있건만 저 새는 어이 제 몸 덮을 이불 한 자락도 없을꼬. 사르락 사르락 다시 눈은 내리고.

문득 잠에서 깬 까치가 제 소리에 제가 놀라 푸드득 날아오르니 쨍! 하고 하늘 강이 갈라졌다. 무슨 일인가? 하고 하늘이 푸른 낯을 좀 내밀 듯도 하건만 하마 감감 무소식이었다. 고요와 정적만이…….

이런 날에는 꼭 슬픔도 따라서

/ / /

/ // / / //

/ // // / / 내린다.

딱히 누구라 할 수 없는 그리움과 콕 집어 말할 수 없는 폭폭함으로 가슴이 먹먹해졌다. 안되겠다싶어 카메라를 메고 눈길을 나섰다. 쓸어도 쓸어도 끝이 없는 속수무책의 백색 거리. 아파트 출입구를 망연자실 바라보고 서있는 경비원 아저씨의 등에 시린 시름이 하얗게 쌓여갔다. 아, 고마운 분들.^^

2010년 1월 9일, 먼지가 이는 듯 시작된 눈은 사위가 어두워질 즈음에야 본격적으로 내리기 시작했다. 지난번의 폭설로 인한 상흔이 아직 채 가시기도 전인데. 세상사 다 그렇듯이 듣기 좋은 콧노래도 한두 번, 이제 눈이 좀 지겨워지기 시작했다.

2010년 1월 27일, 하루 온종일 구름이 낮고 짙었는데도 왜 몰랐을까. 눈이 올 수도 있다는 것을. 올 겨울 들어 눈 오는 풍경이 처음으로 아름다웠다. 바람 따라 빙글빙글 돌아가는 몸짓, 영락없는 춤이다. 참 희한도하지, 마음이 편안하고 좋으니 눈을 바라보는 가슴엔 다 사랑이고 평화다.

2010년 2월 11일, "일어나야지." 커튼을 열어젖히며 나를 깨우는 남편의 말투가 꼭 응석받이 딸을 부르는 아버지 같았다. 돌아보는 그의 등 뒤로 은빛 세상이 환히 열려 있었다.

"와~아, 눈이다." 감탄을 기대하고 있을 그를 위해 작은 탄성을 날려주는 센스.^.~

세상에나 어제는 춘삼월 마냥 그리 온기가 돌더니 밤사이 다시 하얀 솜옷으로 갈아입은 겨울나목들이 뭘 그리 놀라나? 하며 장난기 가득한 얼굴로 웃고 있었다.

그나저나 큰일이다. 오늘 중으로 지인들에게 보내야 할 '명절맞이 감사용' 알타리무우 김치가 있는데. 아니나 다를까 도로가 미끄러워 서비스를 할 수 없다는 택배 직원의 전화. 아! 낭패다.

2010년, 2월 12일. 다시 눈, 마치 4월의 벚꽃이 흩날리듯이………………

* * *

* * * *

* * 그랬다.

올 겨울 들어 가장 아름답고 아늑한 눈 풍경이었다. 명절 귀성길에 올라야하는 이들의 아슬아슬한 근심도 아랑곳없이 그 날, 버스 창 밖을 바라보던 내 가슴은 이기적인 행복감으로 가득 차올랐다. 작은 바램 하나가 이루어졌기에.

2010년, 2월 18일. '쉿! 소리 내지마, 사람들이 깬다니까.' 누군가가 소곤대는 소리.

2월과 그녀의 동행인인 늦겨울이 계절의 뒤안길로 걸어가는 소리였다. 비록 시각은 새벽이었으나 차라리 깊다 할 그 밤을 나도 마음으로 따라 걸었다. 저만치 계절의 끝이 보일 때쯤 살포시 내려감은 2월의 눈꺼풀 아래로 언뜻 비치던 물기는 눈물인 듯 젖은 눈발. 작별의 눈빛이 오갔다. 2월이여, 안녕. 드르륵~, 드르륵~~, 경비원 아저씨의 눈 치우는 소리가 아직 남은 겨울의 문을 닫고 있었다. 겨울이 가고 봄이 오는 길목에서 어정쩡하게 서 있던 나.

2010년 3월 1일, 물기를 흠뻑 머금은 눈이 거센 몸짓으로 대지와 수목들 사이를 휘젓고 다녔다. 겨울의 마지막 모습이고 봄의 맨 얼굴이다. 시작의 계절이어서일까. 작은 바램들이 줄을 선다. 부디 올 한 해는 조가비마냥 입을 꼭 다물고 부득이 할 말만 했으면 좋겠고 귀는 당나귀처럼 활짝 열되 들을 말만 새겨들었으면 좋겠다. 타인에게 좀 더 배려하고 작은 일에 쉽게 상처받지 말기를. 소소한 행복을 자주 느끼고 기쁨은 오래 간직하는 이가 됐으면 참 좋겠다. 아! 꿈이 너무 야무지다.

2010년 3월 9일, 겨울이 벌써 떠난 줄 알았다. 지인들과 만나 하루 내내 봄을 얘기하고 돌아온 게 민망하도록 이 밤, 흐느끼는 눈발들. 차마 남은 미련이련가. 아직도 저리 펑펑 우는 겨울의 내력은 대체 무엇일까. 그래, 떠나는 이의 애달픔이겠지. 지금 떠나는 저 겨울이 다시 돌아온다 해도 같은 겨울은 아닐 터, 마지막에 대한 흔들림인 것을 사람인 나는 겨울은 매양 다 같은 줄 알았구나. 더불어 잘 지낼 것을 그랬다. 다시 못 볼 겨울일 줄 알았더라면 더 소중히 여겨 줄 것을. 좀 더 알차게 보낼 것을. 순간을 더 많이 사랑할 걸 그랬다. 회한을 업고 가는 저 겨울이 지금의 나인 양 안쓰러워 울고 싶다. 펑펑.

겨울이 저렇게 지나갔구나. 다시 찾아온 여름의 한복판에서 나는 지금 딱 그 겨울의 심정이다. 사르락, 사르락, 잦은 슬픔이 내리고 있다. 또 펑펑.

* * * * * * *

DJ, 그대에게

예고도 없이 문득 그대 생각이 났어. 거실 한 가운데의 내가 앉은 자리 뒤로는 국악인이자 소리꾼인 장사익이 삶을 탄식하고 있어. 이 찬란한 봄과 묘하게 어우러지는 그의 애끓는 한탄과 노랫말에 나는 내게 삶을 쥐어준 누군가에게 이렇게 묻고 있어. "이거였습니까? 이거라면 나쁘진 않군요." 라고. 아픔과 기쁨이 함께했던 지나간 내 시간에 대한 작은 깨달음을 또 잃을세라 얼른 심장에 넣어두고 마음이 가자는 대로 15년도 더 지나온 길을 다시 되돌아가 볼까해.

어느 날 친구 따라 우연히 찾아든 그 곳에 당신이 앉아 있었지. 음악과 함께.

음악 감상실의 DJ였던 당신은 수려한 용모와 지적인 이마 위로 치명적인 외로움까지 흐르고 있었어. 당신의 그 검고 윤기 나던 머리는 조금은 마른 듯한 그대의 몸과 썩 잘 어울렸지. 첫 눈에 알아봤어, 바람둥이겠구나 하고. 아니나 다를까 친구를 통해 들은 당신은 다소 복잡한 사생활을 가지셨더군. 내가 관여 할 바가 아니었지.

그 시절, 내 눈에는 보이고 내 가슴에는 느껴지는 것들이 가까운 이들에게는 중요하지 않거나 느낄 수 없는 것이었지. 나는 그것을 함께 나누지 못해 얼마나 고독했고 절망스러웠는지 몰라. 당신도 알겠지만 그런 감정들은 타인을 불편하게 하기에 충분하므로 그것을 들키지 않을 수 있는 장소와 들켜도 될 것 같은 사람이 필요했었어.

막연히 그대가 편했고 은근하게 그곳이 좋았었어. 나는 언젠가부터 혼자서 그 곳을 찾아가곤 했었지. 꼭 당신이 진행하는 시간만을 골라 늘 같은 곡의 샹송을 청하곤 했었어. 이브 몽땅의 〈A Paris〉가 흘러나오면 누구의 방해도 받지 않는 생각의 바다 그 안으로 홀로 잠수해 들

어가곤 했었지.

나는 당신의 침묵이 좋았어. 나의 고독을 지켜주는 그대의 그 말 없음이. 내가 외롭거나 삶의 기로에 섰을 때, 혹은 풀기 어려운 관계의 어지럼증에 빠졌을 때 어김없이 찾곤 했던 그곳에서 당신은 늘 나를 위한 마음자리와 그에 어울리는 음악을 더해주어 나는 집중할 수 있었어. 다른 무엇보다 나 자신과 나의 미래에 대해.

당신이 들려주었던 가요와 팝송, 그리고 클래식을 망라한 다양한 음악적 지식은 가끔씩 당신이란 사람에 대해서 궁금증을 일게도 했었지. 그래도 그게 다였어. 당신의 직업은 늘 내 이성에 경고음을 울리게 하는 다소 위험하고 불안정한 냄새가 났었거든. 난 좀 이성적일 필요가 있었지. 왜냐하면 그즈음의 나는 이미 충분히 불안한 청춘을 보내고 있었기에 그 위에 더 보탤 여력이 없었으니까.

어느 날인가 난 알아버렸지. 당신을 휩싸고 돌던 그 외로움의 그림자와 새로운 사랑을 찾아 늘 떠도는 아니 떠돌 수밖에 없었을 그 마음을. 오래 전 당신은 운동권 학생이었었고 이미 빨간 줄이 그어진 상황을 전해 듣던 날. 그제서야 그대가 만들어내는 그 그늘을 이해할 수 있었어. 그랬었구나 하면서.

그 날은 그저 그대가 들려주는 음악을 듣다가 그냥 가고 싶었었지. 헌데 우연인지 당신의 배려였는지는 모르겠지만 내가 늘 신청하던 그 음악이 흘러나왔고 난 잠시 후 그냥 나와 버렸지. 그래야만 될 것 같았어.

때로 연민의 감정은 자제할 필요가 있으니까.

아마 그 이후로 난 가끔씩 그대에게 묻곤 했었지. 도저히 나로서는 선택할 수 없는, 혹은 해결할 수 없는 문제를 만나면 그 사연을 적은 뒤에 '당신이라면 어떻게 하겠습니까?' 라고. 어떨 땐 자신을 전혀 모르는 타인에게서 우린 더 객관적인 답을 구하기도 하니까. 당신은 곧잘 자신의 생각을 음악과 함께 전해주었었지. 전혀 강요의 냄새를 풍기지 않으면서.

아마 그대가 그 시절 그 곳에서 침묵하지 않았고 당신의 고독이 내게 느껴지지 않았다면 내가 어디 가서 나의 고독을 그렇게 부려놓을 수 있었을까. 세월이 이렇게나 흘렀어도 당신에 대한 나의 고마움이 깊어가는 이유가 거기에 있어.

남편을 만나 사랑하고 결혼을 했지. 그리고 그를 따라서 미국 이민 길에 올랐었어.

그러다 몇 년의 시간이 흐른 뒤 미국에서 한국을 잠시 방문했을 때, 남편의 손을 이끌고 그 곳을 다시 찾아들었었지. 그리고 낮은 음성으로 이렇게 고백했었어.

"전에 늘 혼자만의 시간이 필요 할 때면 이곳으로 찾아들곤 했었어. 당신과의 결혼을 결정할 때도 여기였어." 남편은 내 체취를 맡기라도 하려는 듯이 그 공간을 휘돌아보며 가만히 음악과 함께 눈을 감았었지.

당신은 여전히 거기에 있더군. 내가 신청한 메모의 글씨체와 곡명을 보더니 단번에 "아! 이 분, 아주 오랜만에 오셨군요." 하며 잠시 고개를 들이보더니 진의 그 샹송을 시작으로 연달아서 다른 곡들을 들려주었었지. 당신다웠어. 그렇게 조용히 나를 기억해주었고 반겨주었던 그대에게 그저 마음으로 물었었지. '당신의 고독은 안녕하십니까?' 라고. 당신은 나를 잘 모르고 나도 당신을 잘 몰랐지만 그랬기에 난 더 편했었어.

그 시절 당신이 그곳에서 그 자체로 존재해주어 너무 고마웠어. 묻진 마. 더 이상의 무엇이 어떻게 고마웠는지는. 때로 구체적인 것이 부질없을 때도 있으니까.

다만, 당신이 지금은 행복한 남자로 살고 있으면 좋겠어. 안녕.

내게 봄 같은 사람

밤이 고즈넉했다. 창을 여니 꿈결인 듯 아닌 듯이 들려오는 소리가 있다. 밤에 더 분주해지는 이들의 두런거림이 바로 그것이다. 그들은 나무와 꽃들이다.

푸른 달빛 아래에서 나무들은 그들만의 옷장을 열어젖히고 사월에 어울리는 봄옷을 고르는데 열중하고 있었으며 꽃들은 화장을 고치느라 여념이 없었다. 내일 아침 그들에게 보내올 시선들과 말을 걸어올 이들의 감탄을 기대하며. 사부작사부작 들 고양이는 그들의 언저리를 거닐며 괜한 말참견을 했다. 하늘 위에서 가만히 그들을 내려다보고 있던 달님에게 눈인사를 한번 건네고 조용히 창을 닫았다. 그 밤은 그렇게 한동안 잊혀져갔다.

어느 화창한 날 아침. 창을 열고 난 그만 할 말을 잃었다. 봄이 초대한 나무와 꽃들이 계절의 융단 위에서 축제를 벌이는 중이었다. 지나가던 바람마저 내 어깨 위에 살포시 머물며 그들을 바라보고 있었다. 은근슬쩍 그들에게 마음으로 말을 걸어보았다.

나무야! 너는 어느새 물방울무늬가 차마 싱그러운 초록색 원피스로 한껏 멋을 부렸구나. 거기 뒤쪽으로 조금 물러나 앉은 개나리야! 너의 그 가녀린 손끝의 연노란 색 매니큐어만으로도 너는 충분히 어여쁘더니 오늘은 그보다 더 진한 노란 투피스로 너의 그 화사함을 유감없이 드러내고 있구나. 몇 날이 더 지나면 그에 어울리는 하얀색 꽃 구두마저 신을지도 모르겠다. 아참! 너를 잊고 있었구나. 연분홍으로 꽃단장을 한 사랑스런 너의 이름은 벚꽃이로구나. 꿈인 양 바람결에 흩날리는 꽃잎들은 내게로 오는 향수가 되어 코끝을 간질이니 미소가 절로 난다. 천상 여자인 네 볼이 발그레한 것을 보니 너는 필경 사랑에 빠졌을 거야. 어쨌든 모두 다 곱고도 사랑스럽구나. 자신의 아름다움을 가꾸어 보는

이의 마음마저 즐겁게 하는 너희들을 보자니 문득 나를 돌아보게 되는구나. 그렇다면 인간인 나는 무엇으로 나를 채우고 다듬어야 할까? 아무래도 사람은 내면이 맑고 깊어야지 싶다. 내게 고운 마음자리를 내어준 너희들에게 여기 내 고마움을 달아 푸드득 새 한 마리 보내마.

이 계절을 찬미하며 따뜻함을 가슴에 품다보니 내게 봄처럼 떠오르는 한 사람이 있다. 바로 나의 대모님이시다.

13년 전에 나는 결혼을 위해 시카고로 이민을 갔었다. 시어머님께서는 한국인 며느리의 외로움을 다소 덜어주고 싶으셨는지 주변에 수소문해서 한인 성당의 연락처를 알아오셨다.

남편과 함께 도착한 그곳은 미국 속의 작은 한국이었다. 아마 미국에서 한국인을 가장 많이 보았던 첫 날이 아니었나싶다. 게다가 성당내의 어딘가에서는 교인들을 위한 점심식사를 준비 중인지 구수한 된장국 냄새가 허기진 내 그리움을 달래주었다.

미사가 진행 중인지라 본당 문 앞에서 서성이던 우리를 가만히 지켜보던 한 여성분이 있었다. 깊은 신앙심을 가진 이들에게서 공통적으로 느껴지던 더할 수 없이 편안하고 낮은 음성으로 "어떻게 오셨습니까?"라고 물어오며 남편과 내 인생 속으로 그녀가 들어왔다.

그녀는 그곳에서 우리가 처음 만났던 사람이었으며 유난히 살갑고 다정하게 대해주셨다. 천주교 신자가 되고자한다는 나의 방문 목적을 들은 그녀는 나를 수녀님께 안내해 주었다.

얼마 후 천주교 교리 과정을 무사히 마치고 축복처럼 세례를 받게 되었다. 그러려면 대모님을 정해야 한다기에 그녀에게 청을 드렸더니 기꺼이 그러마하셨다.

그 이후로 그녀는 신앙적으로만 나를 이끌어준 게 아니라 정서적으로도 늘 나를 다독여주며 미국에서 내가 잘 적응해가도록 도와준 많은 분들 중 한 분이 되셨다. 어디 그뿐인가. 모태신앙을 간직하고 자라서인지 제법 착한 천주교인이었던 남편은 그녀의 주선으로 한국어보다 영어가 더 익숙한 한국아이들의 성서를 가르치는 주말학교 선생님이 되었다. 한인 성당에서 그가 한국인 신자들과 잘 어우러지도록 도와준 것 또한 그녀였다.

내가 시댁식구들과 남편의 친구들, 그리고 한국인 지인들을 모시고 첫 생일 파티를 하던 날. 당신이 손수 재워온 갈비로 바베큐를 했던 날의 즐거움과 고마움 또한 잊을 수가 없다.

그 많은 양의 갈비를 재우기 위해 그녀가 들였을 수고를 생각하면 지금도 가슴이 따뜻해진다. 그리고 시아버님이 돌아가셨을 때, 한인 교인들을 모시고 장례식에 오셔서 또 얼마나 나를 든든하게 하셨는지. 그날 시어머니께서 "얘는 내게 딸 같은 며느리입니다."라고 하셨을 때 본인인 나보다 더 흐뭇해하시던 표정이 눈에 선하다.

그녀의 일상은 자신의 도움을 필요로 하는 이들을 위해 늘 바빴다. 나이는 나보다 일곱 살 많았지만 마치 어머니처럼 늘 나를 챙겨주셨다. 그런 그녀가 낯선 이국땅에서 내겐 꼭 친정 같은 마음의 언덕이었다. 그렇게 이어온 그녀와의 인연은 남편과 나의 해외주재원 생활로 인해 시카고를 떠나 온지 8년의 세월이 흘러갔지만 매년 우리가 미국을 방문하면 꼭 그녀가 운영하는 한식당의 그 문을 그리움으로 밀어젖히게 한다.

늘 환한 웃음으로 넉넉한 마음을 갖고 있던 그녀에게서 난 먼저 다가가는 이의 용기와 배려를 배웠다. 또한 그녀를 보면서 누군가에게는 사람이 봄일 수도 있음을 알게 됐다.

과연, 나도 어떤 이에게 봄이었던 적이 있었던가. 가만히 나를 돌아보게 된다.

시련은 두 개의 보따리로 온다

한동안 잊은 듯이 지냈었다. 그런데 K에게서 다시 연락이 왔다. 그녀를 마지막으로 본지가 6개월은 넘었고 일년은 안 된 것 같았다. 시간의 강을 건너 들려온 그녀의 목소리는 많이 튼튼해져 있었다. 그녀는 자신의 남편과는 상관없이 딸과 함께 삶의 터전을 잘 다지고 있다는 소식을 전해왔다. K를 알게 된 건 몇 년 되지 않는다. 우리가 처음 왕래 할 당시에 그녀는 자신의 남편으로 인해 큰마음의 고통을 안고 있었다.

"난 내게도 이런 일이 일어날 줄은 몰랐어요." 나는 가혹하지만 진짜 삶을 말해야 했다.

"왜 K씨에게만 그런 일이 일어나지 않을 거라고 확신했어요?"

그녀는 내 말에 긍정도 부정도 하지 않았다. 어머니가 돌아가신 후 아

버지마저 죽음의 문을 열고 황급히 떠나버리셨을 때, 이미 난 알아버렸다. 우리 모두에게는 무슨 일이든 다 일어날 수 있다고. 그것이 행복이든 불행이든. 다만 어떻게 받아들이는가만 우리가 할 수 있는 전부란 걸.

그녀는 당분간 나를 만나기 힘들다고 타인을 통해 전해왔었다. 자상한 남편과 특별한 걱정거리도 없이 인생을 향유하는 듯한 나를 보면 자신의 현실이 실제보다 더 무겁고 힘겹게 느껴지는 것 같다고. 그 말을 전해 들었을 때 많은 생각들이 오갔다.

오래 전에 그녀에게 들려주었었다. 내 고통의 바다에 대해, 그리고 그녀에겐 있지만 내게는 없는 것에 대하여. 아마 난 누구에게든 자신의 고통이 가장 크므로 적어도 나만 힘들다는 생각은 하지 말라는 말을 해주고 싶었을지도 모른다.

인간은 물질적인 빈곤보다 마음이 춥고 가난할 때 더 힘들고, 사람이 필요로 하는 애정은 배우자와 자식, 그리고 부모형제를 비롯한 가까운 지인들에게서 골고루 적당히 주어질 때 가장 바람직한 것이 아닐까? 그래서 물질과 정서적인 부분에 관한한 내가 못 가진 것을 남이 가졌다고 해서 타인의 행복을 단정 지어서도, 또한 나는 가

지고 있는데 타인은 없다고 해서 남의 불행을 섣불리 동정하는 성급함을 나는 경계하고 있다.

어제 그녀를 다시 만났다. 그녀의 얼굴색은 찬란한 봄이었다. 아니, 그 이상이었다.

"전 요즘 너무 좋아요. 감사한 마음이 문득, 그리고 자주 들어요. 남편과는 남도 아니고 부부도 아닌 상태에 있지만 전 이제 제가 진정 원하는 길을 걸어갈 거예요."

그러면서 그녀의 눈이, 그리고 마음이 나에게 미안해했다. 전엔 자신의 시련에 비해 나의 고통이 너무 작아보였고 자기가 짊어진 짐만이 크게 보였었다고. 나도 속으로 말했다. 인생은 공평하기도 하고 불공평하기도 한 것 같다고. 그리고 시련이 올 때는 기회라는 또 다른 보따리도 함께 딸려오는데 그것은 보고자하는 이의 눈에만 보이는 것 같다고.

그녀와 헤어져 돌아오면서 상황은 다르지만 또 다른 인생의 갈림길에서 있던 친구가 생각났다. 그녀가 남편의 외도를 알게 되었을 때, 역시 같은 말을 했었다.

"어떻게 내게 이런 일이 일어날 수가 있어?" 나는 또 앵무새처럼 말했었다.

"왜 너에게만은 그런 일이 일어나지 않을 거라고 확신했어?" 그리고 덧붙인 말은.

"내 경험에 의하면 인간관계에 문제가 오면 대개의 경우 일방적으로 한쪽만 잘못하는 경우는 거의 없는 것 같아. 단지 누가 더 치명적인 잘못을 했는가가 피해자와 가해자의 얼굴로 나뉘어 질 뿐이지.” 친구는 의외로 담담하게 내 말을 수긍하듯이 받아들였다. 아마도 자신만이 피해자인 줄 알았는데 그녀의 남편도 어떤 부분에서는 피해자일지 모른다는 생각을 하는 듯했다. 그래도 그녀가 받았던 마음의 상처는 너무도 컸으리라. 그런 만큼 친구의 시련과 함께 딸려온 남은 보따리 하나를 그녀가 볼 수 있었으면 좋겠다. 그리고 나도 생각해봤다. 누군가에게 내가 가해자였던 그것과 피해자였던 그 무엇을.

삶이 내 몫이라며 가져온 시련을 한 보따리 풀어놓았을 때, 받아들여야 된다는 것을 알면서도 왜 매번 손사래를 치며 순순히 받아들일 수가 없었을까? 내가 거절한다고 해서 한번이라도 그냥 돌아간 적이 있었던가. 그렇다면 최소의 시간만 고통을 느끼고 싶고 최대한 빨리 받아들여서 최선의 해결책을 찾는 일에 마음을 쓰고 싶다.

삶의 시련은 누구에게든 찾아오는 것 같다. 그것이 어떤 형태로든지. 다만 개인에 따라 정도와 시간의 차이가 있을 뿐이다. 때로는 아직 인생의 쓴 맛을 보기 전인 누군가에게 이렇게 말할 때면 타인은 종종 내게서 낯설음을 느끼기도 한다. 마치 자신은 예외인 것처럼.

한때는 나도 그랬었다. 그런데 어쩌나, 누구든지 혹독한 삶의 시련을 겪고 나서야 인생의 끝인 죽음을 맞이하는 것을. 그리고 그것은 한 번으로 끝나지도 않는 것 같다. 행복한 순간들이 그런 것처럼.

내가 열쇠다

도쿄에서 인천으로 나르는 하늘 위였다. 별 생각 없이 기내의 창을 가린 차양을 올렸다.

온통 구름 천지였다. 생각에 따라서는 하늘과 바다가 다르지 않음과 구름이 파도로 일렁인다는 것, 비행기도 나르는 용궁이 될 수 있음을 알았다. 주홍 빛 꿈 자락 마냥 아스라이 나래짓던 구름 새들의 몽환적인 날개 짓은 또 얼마나 아름답던지.

2010년 마지막 날의 일몰 풍경은 그렇게나 충만했다. 그러나 한 해의 마지막이라니.

아, 허무해. 그 한마디로는 실로 부족한 충실치 못했던 지난 일 년이었다. 심란한 마음으로 목 언저리께를 더듬었다. 동그란 듯 삼각형인 얼굴에 가늘고 여린 몸의 내 열쇠목걸이. 가을에 남편으로부터 받은 깜짝 선물이다. 어느 기도하고 싶은 순간의 십자가처럼 묘하게 나를 진정시키는 그 몸체를 가만히 만지작거리며 혼잣말을 했다. '닫힌 내 모든 삶의 문제를 풀어줄 열쇠는 그 어디에.' 그런 게 있을 리가 있나. 그러다 스르륵 잠이 들었고 늦은 밤 인천 공항에 도착했다.

결혼 후 15년 동안 한 해의 시작은 늘 한 잔의 샴페인, 그리고 서로의 건강과 행복을 기원하는 남편의 입맞춤으로 시작됐다. 올해도 어김없이 그에게선 톡 쏘는 맛이 났다. 그렇게 시작된 새해 첫 날에 나는 또 지난해를 돌아보고 있었다. 산다는 게 매일 매순간의 일상은 물론이거니와 자신의 의지조차 제 뜻대로 되지 않을 때가 많다는 것을 절감하고 또 절감했던 한 해를 보냈다. 난 좀 지쳤고 많이 의기소침해졌다. 해서 2011년은 조금 다르게 시작하고 좀 덜 후회스런 마지막 한 점을 찍고 싶었다. 까만 밤하늘에 뜬 환한 보름달 같은 그런 마침표를. 내가 나에게 물었다. 어떤 시작을 하고 싶은가. 무엇보다 내겐 위안의 시간이 좀 필요했다. 비록 아주 사소한 것일지라도 인생이 내 뜻대로 되는 것도 좀 있구나하는 뭐 그런 작은 기쁨 말이다. 몇 가지만 내가 원하는 대로 또

처음 계획했던 대로 끝까지 해보기로 했다. 그러므로 이루지 못하고 지키지 못할 약속이나 바람은 금물이었다.

그 처음은 연말 동안 수북이 쌓여있던 메일 중 가장 반가운 이의 소식을 열어 새해의 첫 기쁨을 맛보았다.

두 번째로는 가족 외에 지난 한 해 내게 꼭 필요한 조언과 위로를 주었던 이를 제일 먼저 만나 마음을 따뜻하게 데우고 새해를 열고 싶었다.

K언니가 떠올랐다. 그녀에게 감사의 식사 대접은커녕 '언니, 저 밥 사 주세요, 마음이 고파요.' 라며 뻔뻔스런 밥 타령도 할 작정이었다. 그런데 하, 이럴 수가. 생각보다 쉽지 않았다. 연초인데다 곧 있을 따님의 결혼식 준비, 거기다 새로 이사 갈 집을 알아보느라 그녀는 하루가 48시간이라도 모자랄 지경이었다. 그사이 지인들에게서 만나자는 연락이 왔다. 자꾸 미루자니 미안하기도 하고 점점 내 자신과의 약속이 무의미하게 여겨지기도 했다. 그러다 드디어 그녀를 만났다.

"내가 누군가에게 어떤 의미였다니 아주 헛살진 않았네. 암, 밥 사고 말고."

자초지종을 다 들은 언니는 한바탕 웃더니 본인이 더 고마워했다. 그날의 그 점심밥이 유난히 맛있었음은 두말하면 잔소리다.

다음으로는 늘 나를 유쾌하게 하던 내 사적인 친목 모임 일명 'ABC' 분들과 만나 맛있는 음식을 먹고 아주 많이 웃으며 즐거운 하루를 보냈다. 정초부터 좋은 이들과 어우러져 자꾸 웃으니 올해는 왠지 웃을 일이 더 많아 질 것 같은 화사한 예감이 들었다.

이제 나를 만나기로 했다. 나와의 만남이 가장 잘 이루어지는 곳은 역시 그림, 혹은 사진 전시회다. 손꼽아 기다려왔던 세계 거장들과의 만남인《델피르와 친구들》사진전이 열리고 있는 예술의 전당 한가람 미술관으로 향했다. 드디어 앙리 카르티에-브레송의 작품들을 직접 만났다. 그는 나에게 사진을 예술로 인식하게 해준 첫 작가였고 내가 그림자에 관심을 가지게 된 계기를 주기도 했다. 그의 사진 세계로 인해 너무나도 유명해진 문구 '결정적 순간' 이 떠올라서였을까. 나도 모르게 조금씩 걸어 들어가고 있었다. 내 인생의 어느 결정적인 순간 속으로. 거기 울고 웃는 내가 있었다.

어느 날은 들끓는 나를 차분하게 가라앉혀 주던 남산에 올라 내 좋아하는 나무 그림자 속을 거닐며 홀로 고요해지는 시간도 가졌다. 그렇게 나의 1월이 내 뜻대로 지나갔다.

기분이 한결 나아졌다. 적어도 올 한해는 마음대로 되는 일이 하나도 없다는 말은 절대 못하게 됐다. 산다는 것은 원하든 원치 않든 크거나 작거나 매일 매순간 자기선택의 연속이다. 선택 후의 결과를 오롯이 책임지는 것 또한 본인이다. 혹시 내가 선택했어야 할 내 일, 혹은 결정들을 자꾸 다음으로 미루거나 타인에게 맡기는 수동적인 삶을 살진 않았던가. 인정하고 싶지는 않지만 많은 부분 그랬다. 살다가 만나는 모든 삶의 문제들은 내겐 늘 잠긴 문과도 같았고 많은 날들 밖으로만 열쇠를 찾으러 다녔다. 치열했던 순간보다 우연히 또 때로는 누군가의 도움으로 쉽게 문제를 열고 들어갔던 게으른 세월들이 강물처럼 흘러간다.

살면서 타인의 도움이 필요한 때 도움을 받아들이는 것도 용기다. 그렇듯이 반드시 스스로가 풀어야 할 삶의 문제를 정면으로 바라보는 것 또한 용기다. 그런데 지난 일 년, 머리로는 이렇게 다 아는 것을 가슴은 내내 잊고 있었다. 이제 내 안의 열쇠목걸이를 만지작거리며 다시 혼잣말을 한다. 내 인생의 열쇠는? 바로 나.

장미

2010년 8월의 옥수역에서였다. 밝은 하늘색 원피스에 검은 구두를 단정히 신은 50대 중후반의 여인이 눈에 쑤욱 들어왔다. 사실은 그녀가 들고 있던 세 송이 장미에 시선이 꽂혔다. 그녀의 오른편에 난 빈자리로 가 앉았다. 화려한 포장지나 그 흔한 리본 하나 달지 않은 채 그녀의 손에 들려 있던 장미들은 여느 꽃집에서 흔히 볼 수 있는 그런 느낌의 장미가 아니었다. 넋을 놓고 바라보았다. 금방이라도 붉은 물을 뚝뚝 떨어뜨릴 듯한 꽃잎들, 생기를 가득 머금은 초록 잎새. 맡지 않아도 이미 그 향에 취할 듯 했다. 나도 모르게 그녀에게 물었다. '저, 향기 좀 맡아봐도 될까요?' 물론 혼자 하는 말로.

전철이 도착했다. 그리고 인연이 시작됐다. 그녀가 내 옆에 와서 선 것이다.

흔들흔들 전철이 흐르는 대로 꽃들이 빙그르르 붉은 춤을 췄다. 장미가 그토록 매혹적인 꽃이라는 것을 왜 진즉 몰랐을까. 아니지 장미라고 다 똑같은 장미는 아닐 터.

"장미가 너무 이뻐요."

"아, 네 고맙습니다."

그녀는 정말 기쁜 듯 흐뭇한 미소를 지었다. 어디서 그런 용기가 났는지 아직도 미지수다.

"저, 장미꽃 한 송이만 살 수 없을까요."

짧은 침묵이 흘렀다. 주변 사람들이 그녀와 나를 번갈아 바라보았다. 그녀는 대답은 않고 그저 나를 보며 웃을 뿐이었다. 그냥 해보는 소리라 여겼겠지. 잠시 그녀의 입장을 짐작해 보았다. 본인이 직접 산 게 아니라 친한 지인의 정원에서 건네받은 마음이라면 당연히 내키지 않으리라. 근데 이건 또 무슨 뜬금없는 마음이었는지. 그녀의 감성이 궁금해졌다.

"안될까요?"

그녀는 조금 난처한 듯 혹은 신기한 눈빛으로 나를 보더니 이렇게 말했다.

"그럼, 커피 한 잔 사세요."

참으로 낭만적인 분이구나 싶었다. 내 기억속의 그 날은 우리가 찾아

들었던 인사동에 비가 내렸고 수요일이었다. 세 송이의 장미들 중 가장 어여쁜 것으로 건네주던 그녀와 나는 서로 초면이었고 15년 이상의 나이 차이에도 불구하고 우리들의 대화에는 막힘이 없었다. 어떻게 그럴 수 있었을까. 아마도 그건 어떤 감성 코드가 맞았기 때문이었으리라. 2시간 가까이 흘러 자리가 거의 파할 즈음 내가 물었다. 혹시 글 써 볼 의향 없으시냐고. 나로서는 그런 권유는 처음이었다. 역시나, 그녀는 어릴 적부터 문학소녀를 꿈꾸었다며 반색했다. 그렇게 시작된 만남으로 현재 우리는 수필 글공부 모임에서 그 향기 나는 인연을 이어가고 있다. 그때부터 그녀는 나를 장미님, 이라 부른다. 물론 나의 미모는 장미와 하등 상관이 없다.

이제 수필가 피천득의 글 〈장미〉를 읽으면 그녀가 생각난다. 그 처음은 이렇게 시작한다.

잠이 깨면 바라다보려고 장미 일곱 송이를 샀다. 거리에 나오니 사람들이 내 꽃을 보고 간다. 여학생도 내 꽃을 보고 간다. 전차를 기다리고 섰다가 Y를 만났다. 언제나 그는 나를 보며 웃더니, 오늘은 나를 보고 웃지를 않는다. 부인이 달포를 앓는데, 약 시으러 갈 돈도 떨어졌다고 한다. 나에게도 가진 돈이 없었다. 머뭇거리다가 부인께 갖다 드리라고 장미 두 송이를 주었다…….

남은 장미 다섯 송이마저 차례차례 결국 그를 떠난다. Y와 헤어져 집으로 가는 길에 문득 C의 집 화병에 꽂혀있던 시든 꽃이 생각나 그 길로 가서 주인도 없는 집 화병의 물을 갈아주고 장미 두 송이를 꽂아두고 나

온다. 오는 길에 또 한 사람의 지인 K를 만난다. 애인을 만나러 가는 길인 듯한 그의 눈길에서 자신의 장미를 탐하는 눈빛을 읽고 피천득은 남은 꽃송이마저 건네주고 만다.

2010년 8월 18일, 비 내리는 수요일에 만났던 그 날의 그녀는 내게 저 글 속의 피천득이였다. 그렇다면 나는 누군가의 세심하고 다정한 마음에 행복해했을 C, 혹은 기대하지 않았던 뜻밖의 위로에 마음이 뭉클해 했을 Y, 그도 아니면 장미를 탐하는 눈빛의 K, 그들 셋 중의 하나였을까. 글쎄다. 확실한 건 너무도 아름다운 장미를 들고 있던 어느 낯선 이의 감성지수가 왠지 궁금했었다. 더 나아가 혼자 은근히 바램 하나를 걸고 있었다. 만약 그녀가 내개 장미 한 송이를 건넨다면 지금 내가 원하는 일 하나가 꼭 이루어지리라고.

이 밤, 가만히 상상해본다. 어느 비 내리는 날 내 손엔 아리따운 장미 몇 송이가 하늘하늘. 누군가가 내게 묻는다. '저, 꽃향기 한번 맡아봐도 될까요?' 참 낭만적이지 않은가.

장맛비 속의 동네산책

그 날의 장맛비는 7월의 폭포수였다. 서재로 난 창을 하염없이 바라보다 무작정 동네 산책을 나섰다. 우리 집 아파트 입구는 양 옆으로 두 개의 언덕을 가지고 있다. 건너편에서 보자면 날개를 펼치며 막 날아오르려는 한 마리 커다란 새의 형상 같다고나 할까. 어쨌든 그 날은 오른 쪽 날개를 택했다. 한남동으로 이어지는 언덕을 오르자니 물고기 비늘 같은 빗물이 굽이굽이 물결을 이루며 내 발등 위로 마구마구 흘러내렸다. 제법 부풀어 오르고 거센 물살들. 고랑을 타고 흐르는 세찬 빗물에 발을 담그니 순간 아찔했다. 어린 시절의 나는 그 느낌을 끔찍이도 좋아했다. 거리는 한산했고 인적은 뚝 끊겼다. 그래서 더 좋았다. 목적지 없이 발길 닿는 데로 옷이 젖거나말거나 개의치 않고 빗속을 거닐 때의 그 자

유로움을 어디다 비할까. 아, 그 날의 나는 딱 열세 살의 철없는 소녀로 돌아가 있었다.

며칠 후, 다시 비. 이번에는 어른인 내가 동네 산책길에 나섰다. 우선 집 건너편에 있는 단골 옷가게에 잠시 들렀다. 소정씨, 하고 들어서니 예의 그 정스런 얼굴이 나를 반겼다. 그녀에게 준비해 간 쵸콜렛이 든 상자와 책 한 권을 건네며 그동안의 고마움을 전했다. 남편의 해외주재원 기간이 끝나가므로 곧 한국 생활을 정리하고 미국으로 가야한다. 아직 시간이 좀 남았지만 혹여라도 다른 일들로 잊어버릴까 미리 마음을 표현하고 싶었다. 그녀는 내가 내민 것들을 가만히 어루만지더니 잠시 말이 없었다. 갑자기 그녀가 눈물을 보였다.

"소정씨, 왜 울어요……."

"아뇨, 그게 아니라 고마워서요, 진짜 고마워서……."

"아유 참, 그게 아니라 내가 고마웠었다고, 그 말 전해주고 싶어서 그런 건데."

"그러니까요, 그 마음이 너무 고마워서요."

빨개진 코, 그렁그렁 맺힌 눈물을 휴지로 꼭꼭 닦아내는 그녀를 보자니 내 눈에서도 그녀의 마음과 꼭 닮은 눈물이 고여 들었다. 그녀나 나나 어찌 그리 눈물도 흔한지.

사십대 초반인 소정씨는 내겐 퍽 인상적인 사람이었다. 2년 가까이 보았지만 단 한 번도 그녀에게서 어떤 장삿속을 느낀 적이 없었다. 그렇다고 속없이 손해만보고 장사하는 이도 아니었다. 그녀는 늘 솔직담백했다. 옷이 어울리면 어울린다, 아니면 아니라고 진심으로 말해주던 소정씨는 당장의 자기 이익만을 셈하지 않는 사람이었다. 그런 이를 만나는 건 언제나 기분 좋은 일이었다. 가끔씩은 일 없이도 들러 커피 한 잔을 나눌 때도 있었다. 비록 서로 속 깊은 얘기를 나누지는 않았지만 나는 그녀를 떠올리면 내가 사는 동네가 더욱 더 좋아지곤 했다. 좋은 이웃을 둔다는 건 행복하고 고마운 일이다.

그 좋은 마음으로 다시 내가 향한 곳은 근 5년 정도 다니던 단골 미용실이었다. 그곳에는 올해 34세의 헤어디자이너 영미씨가 있다. 그녀의 첫 인상은 왠지 손님인 내가 더 조심스러워지던 이였다. 헤어디자이너

로선 드물게 꽤 큰 체격의 소유자였고 상냥한 이도 아니었으며 잘 웃지도 않았다. 그러나 한 번 두 번 말을 나누면 나눌수록 사람이 참 진국이라는 생각이 들었다. 그녀는 친절함이 지나친 법이 없었다. 묵묵히 자기 일에 최선을 다하되 수선스럽지 않은 대화로 늘 마음을 편안하게 해주는 이였다. 결정적으로 그녀가 해주는 헤어스타일은 늘 내 맘에 들었다. 그런 영미 씨가 있어 미용실 가는 일이 언제나 즐거웠다.

그녀에게도 한 권의 책을 내밀며 그동안 고마웠었다는 마음을 전했다. 우엉 차 한 잔을 건네며 이런저런 옛 일을 주고받던 그녀와 나 사이에 따뜻한 그 무엇이 흐르고 있었다.

오늘은 잔잔한 비. 이번에는 금호동으로 이어지는 왼쪽 언덕길을 걷기로 했다. 천천히, 아주 천천히 걸었다. 하늘도 올려다보고 땅도 봐가며. 사선으로 길게 떨어지는 빗줄기가 길 위에 고인 빗물 위로 토독토독 떨어질 때 살포시 그려지던 동그란 파문. 그 모양이 꼭 오선지 위의 음표 같았다. 자연이 그려내고 들려주는 선율이 조금은 구슬프고 또 청아했다.

꽃가게를 지날 때였다. 길 가에 나앉은 꽃들이 기어이 나를 붙들었다. 방울방울 맺힌 꽃물이 어찌나 다들 청초하던지. 매년 봄이 오면 그 앞을 지날 때마다 얼마나 설레었던가. 올해는 어떤 꽃들을 심어 여름 내내 행복할까 하며. 집 가까운 곳에 꽃 가게가 있다는 것은 눈과 가슴이 미소 짓는 일이다.

그렇게 걷다보니 우리 집 개 순대가 애용하는(?) 동물병원까지 갔다. 남편의 회사 일로 우리가 처음 서울에서 살게 되었을 때 그와 나는 서울에 아무런 연고가 없었다. 오랜 친구 한 명을 제외하고는. 여행 할 일이 많았던 우리 부부에게 가장 큰 고민은 우리 집 개 순대를 어디다 맡겨야 하나였다. 그런 고민을 해결해준 곳이 바로 거기였다. 그 곳의 수의사들은 정말 동물을 사랑하는 이들임을 알 수 있었다. 왜냐하면 순대랑 산책을 하다보면 가끔씩 저 만치서 걸어오는 동물병원 원장님을 우연히 마주칠 때가 있다. 그럴 때면 순대는 반가워서 어쩔 줄을 몰랐다. 그 모습을 보고서 나는 매번 안심이 되었고 믿거라하고 여행길을 떠나곤 했다. 그러니 그 곳도 내게는 참 고마운 분들이 계시는 곳일 밖에. 미국으로 떠나기 전 남편과 함께 들러 감사한 마음을 꼭 전해야지하며 눈인사를 하고 지나왔다.

천상병 시인은 그의 시에서 말했다. 아름다운 이 세상 소풍 끝내는 날, 가서 아름다웠더라고 말하리라고. 아주 가끔씩 생각해보곤 했다. 나도 내 삶의 끝에서 그리 말할 수 있을까를. 아직은 더 살아봐야 할 일이다. 하지만 이 곳 옥수동에서의 지난 5년을 내 인생의 작은 소풍이었다고 한다면 어떨까. 단번에 말할 수 있다. '참 좋았다' 라고. 물론 때로는 그 소풍 길에 번개, 천둥치는 날들도 있었지만 그래도 좋은 이웃들이 있어 아름다운 나날들이었다.

5

몰입은 연애다

몰입은 연애다

떠날 채비를 마친 겨울이 마지막 단추를 채우고 자리에서 일어선다. 예의상 저만치서 기다리고 서있는 봄을 이제 그만 들여놔야겠다. 창을 열어 바람을 불러들이니 이미 내 속에 와있던 마음의 봄과 계절로 돌아온 봄이 가만히 서로를 안아준다. 늘 그렇듯이 고요한 시간은 생각을 불러온다. 그러나 창에서 시선을 거두고 외출 준비를 서둘렀다. 예술의 전당에 위치한 한가람 미술관에서 기다리던 사진 전시회가 열린다기에 조금은 흥분된 기대감으로 길을 나섰다. 바로 '유섭 카쉬(Yousuf Karsh) 인물 사진전'을 보러 간 것이다.

세계 유명인들의 초상 사진을 찍을 때 그들의 내면까지 들여다보는 통찰력으로 모델과 자신의 영혼까지 담아내는 20세기가 낳은 최고의 사진가 중 한 명인 카쉬. 터키 출신이자 캐나다의 공식 인물 사진가이기도 한 그의 작품으로는 윈스턴 처칠과 오드리 헵번, 그리고 아인슈타인과 피카소……. 일일이 열거 할 수 없이 많다.

지난 시절, 그리고 지금도 나의 영혼을 움직이는 그들이 카쉬의 천재적인 영감과 함께 사진으로 잘 담겨져 시간과 공간을 넘어 나를 만나러 와있었다. 작품들 하나하나에 그들의 인생이 담겨져 있고 내면이 드러나는 것을 느낀다는 것은 차라리 전율 그 자체였다.

나는 그 날, 모네의 〈짚 더미〉 연작들을 파리의 오르세 미술관에서 처음 만났을 때, 그리고 이탈리아 피렌체의 아카데미아 미술관에서 미켈

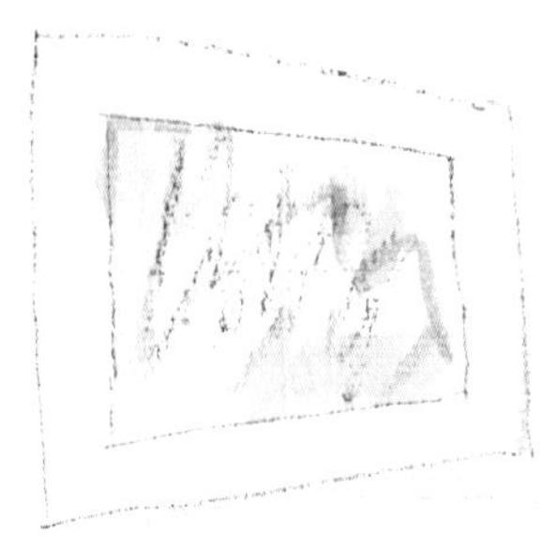

란젤로의 〈다비드〉 전신 조각상을 대했을 때만큼이나 마음이 흠뻑 젖어 들었다. 유난히 그 곳에서 내 영혼을 가장 오래도록, 그리고 깊이 적셔주던 인물이 있었다. 바로 성녀 마더 테레사이다. 그녀의 사진 앞에서 나는 마치 얼음처럼 서 있었다. 그녀의 눈빛은 너무나 조용했다. 그러나 누구에게서도 단 한 번도 본 적이 없는 강렬한 눈빛으로 내게 물었다. '당신은, 잘 살아가고 있습니까?' 라고. 나는 답을 할 수가 없었다. 그저 눈물이 고이는 대로 둘 밖에는.

그와 연애하고 싶다는 설레는 감정을 일으키던 사진속의 헤밍웨이를 지났다. 또 고뇌하는 남자의 지긋한 고개 숙임이 그렇게 매력적일 수 없

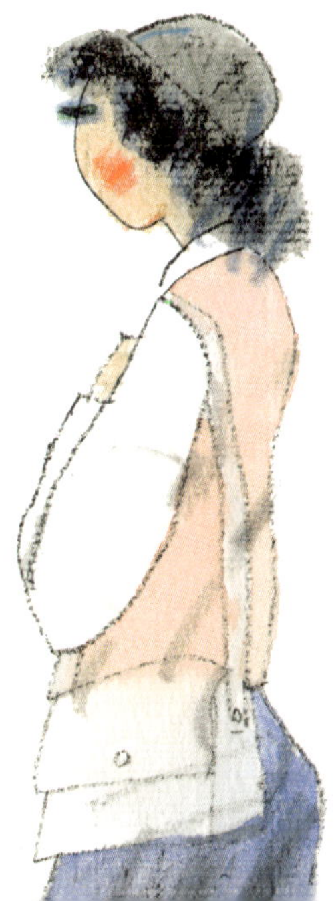

었던 슈바이처도 지나갔다. 그러고 나서야 만난 이 남자. 스페인 태생의 전설적인 첼리스트 파블로 카잘스(Pablo Casals)와의 순간을 도대체 어떻게 설명해야하나. 그는 어둠을 등지고 뒤돌아 앉은 채 있는 듯 없는 듯한 빛이 먼지처럼 내려와 앉은 어깨를 내어 보이고 있었다. 그리고 연인인 듯이, 아니면 상처받은 자신을 끌어안고 있는 듯 그렇게 첼로를 부여잡고 바하의 곡으로 추정되는 음악을 연주하고 있었다. 나는 숨을 쉴 수가 없었다.

보스톤 미술관에 전시되어 있던 그 사진을 보러 매일 찾아다니던 노신사가 있었다. 어느 날 큐레이터가 묻는다. "왜, 늘 이 사진 앞에 서 계시는 건가요?" 그러자 그 노신사분은 방해받은 것처럼 이렇게 말했다. "당신은, 지금 내가 음악을 듣고 있는 게 안 보이는가?"

이 실화가 적혀져있는 안내서를 읽으며 난 그가 왜 그 사진 앞에 늘 서 있었는지를 알 것 같았다. 그러나 그가 들었던 음악까지 마음으로 들을 수는 없었다. 그래서 사진속의 그 첼리스트와 카쉬를 내 집에 초대하는 심정으로 비록 원본은 아니지만 오리지널 프린트가 된 사진을 한 점 구입했다.

내게도 언젠가는 그 선율이 들려올 순간을 기대하며. 그리고 가끔씩은 보는 이가 되어 그 날의 특별했던 감동과 몰입의 기쁨을 다시 기억하고 싶었기에.

몰입. 그렇다. 나는 늘 몰입 할 데를 찾고 있다. 나를 가장 오랫동안 그리고 비교적 잘 몰입 시키는 건 책이다. 한 때는 그림을 그리기도 했다. 그림을 그리고 있는 그 순간만큼은 탁월한 몰입의 기쁨이 절정에 다다른다. 그러나 천성이 게으른 탓인지 마지막 뒤처리인 붓을 씻는 일이 너무 귀찮다. 그래서 그림 실력은 아직도 아마추어 수준을 벗어나지 못한다. 하여, 전시회를 통해 그림으로서 화가를 만나고 나를 만나는 것으로 적당히 타협을 봤다.

짧은 몰입, 그러나 긴 여운을 간직할 수 있는 보는 이가 되는 것도 그리 나쁘진 않다. 그래도 집안 한 구석에는 늘 그리다 만 그림이 이젤 위에서 나를 기다리게 한다. 남은 미련이 언제라도 그 곳으로 빠져들 수 있도록.

그리고 사진. 현재도 몰입중인 카메라 렌즈를 통해 들여다보는 사람들과 사물, 그리고 다양한 상황들은 대단히 많은 인생의 얘기들을 내게 들려준다. 또한 나를 만나는 순간이 되기도 한다. 내가 무엇을 생각하고 어디에 있는지를. 그리고 사진을 찍는 그 몰입의 순간, 찾을 수 없었던 인생의 답을 얻을 때도 있다. 물론 이번 전시회처럼 보는 이가 되어 인생의 질문을 받을 때도 있다.

요즈음 새로이 나를 매료시키고 몰입시키는 것은 글쓰기이다. 나는 글을 쓰면서, 글 안에서 나를 만나고 타인을 만나 삶을 말하고 교감 하는 게 이렇게 좋은 건지 미처 몰랐다. 그 속에서 나는 나를 치유하고 행복했던 순간들을 극대화 시키며 미래를 꿈꾸고 있다. 물론 쓰는 일이 주는 스트레스도 없진 않다. 그러나 즐거운 스트레스는 나의 삶을 더 흥미롭게 하고 오히려 심리적인 안정감을 주며 무기력의 늪에서 빠져나오게 하는 지름길임을 누구보다 잘 알기에 기꺼이 그 스트레스를 받으련다.

책과 그림, 그리고 사진. 더불어 글쓰기와의 몰입은 내게 일종의 연애감정에 다름 아니다. 남편과 연애할 때도 그랬다. 최고의 몰입과 적당한 부담감, 그리고 충분한 만족감이 주던 그 기쁨을 나는 이들에게서도 느낀다. 그러나 마흔둘을 살아낸 내가 나에게 말한다.

'유의할지니, 연애의 황홀함 속엔 언제나 아픔도 도사리고 있느니.' 라고. 그러나 그럼에도 불구하고 나는 늘 나를 성장시키고 살아있음을 확인 시켜주는 몰입의 대상을 찾아 나설 것이다. 어느 날은 일을 하고 있을지도 모른다. 그 일이 너무 좋아서 적당한 스트레스를 받으며 또 다른 몰입의 기쁨을 경험하고 있을지도 모르겠다.

36세에서 삶이 멈춘 여자

나뭇잎들이 손끝에 계절을 물들이던 즈음에 멀리서 나를 만나러 온 여자가 있었다.

아니다. 한번도 궁금해본 적이 없었던 그녀와 나를 한 남자가 초대했다는 게 더 정확한 표현이겠다. L.A의 벨에어 호텔(Bel-Air Hotel) 스위트 룸 261호에서 한 남자가 긴장한 모습으로 여자를 기다리고 있다. 그녀가 요구한 1953년산 돔 페리뇽(Dom Perignon)샴페인 3병마저도 초조한 낯빛으로 문 쪽을 흘끔거리고 있었다. 드디어 그녀가 도착했다. 문이 열리고 6월의 햇빛을 닮은 여자의 파란 눈이 그를 응시하던 순간부터 남자는 뉴욕에 있는 자신의 아내를 잊고 자식마저 잊어버린다. 그는 이미 혼자만의 사랑에 빠져버린 것이다.

시대의 섹시 아이콘이었던 마릴린 먼로(Marilyn Monroe)와 미국 최고의 패션 사진가 버트 스턴(Bert Stern)은 그녀 생애의 두 번째이자 마지막 누드사진을 촬영하기 위해 그들의 첫 만남을 그렇게 시작하고 있었고 차후 그녀 생전의 마지막 모습으로 남게 된다.

조선일보 미술관에서 〈마릴린 먼로의 '마지막 유혹' Marilyn Monroe, The Last Sitting〉인 버트 스턴의 사진전이 아시아 최초로 한국에서 열렸다.

그는 1929년 미국의 브루클린(Brooklyn)에서 태어났으며 올해 80세이다. 그가 리즈 테일러를 비롯한 유명 배우들과 인사들의 사진을 찍으며 20세기 미국의 패션과 광고계를 대표하는 사진작가로서 명성을 날리던 중 패션 잡지인 《보그(Vogue)》지로부터 마릴린 먼로의 〈누드8〉패션 사진을 찍어 줄 것을 의뢰받는다. 그의 이 사진들은 그녀가 죽기 3주와 6주 전의 것이며 마릴린 먼로가 담낭 제거 수술을 받은 지 한 달 만에 찍은 것으로서 차후 버트 스턴의 가장 유명한 포트폴리오가 된다. 물론 그 당시에 어느 누구도 그것이 그녀의 유고 사진이 될 줄은 몰랐다.

이 컬렉션은 뉴욕의 브루클린 미술관(Brooklyn Museum)을 비롯해 세계 각국의 주요 뮤지엄급 전시장에서 많은 관심과 사랑을 받았다한다. 특히 2006년 프랑스 마이욜 뮤지엄에서는 20만 명의 관람객을 동원한 것으로도 유명하다. 마이욜 미술관 큐레이터 버트랜드 로킨(Bertrand Lorquin)은 "전시된 사진들은 마치 보티첼리, 루벤스, 벨라

스케스, 고야, 앵그르, 그리고 마네가 먼로의 조각 같은 육체를 미술사의 반열로 올려놓기 위해 존재하는 것처럼 느껴지게 만들 정도" 라고 했다.

36세에서 자의로 혹은 타의에 의해 삶이 멈춰버린 여자.

맨몸의 그녀는 아프로디테처럼 아름답고도 성스럽게, 그리고 슬프도록 인간적인 모습으로 나를 사로잡았다. 그녀의 몸은 동양적인 어깨선과 의외로 아담한 가슴 언덕을, 그리고 가는 허리에서 이어지는 골반 라인은 입을 꼭 다문 빨간 튜울립의 몸 선을 닮아 있었다.

그녀가 아닌 어느 누구라도 부드러운 샴페인 같은 피부위에 분홍빛 유두를 스치는 실크 스카프 하나만이 투명하게 드리워져 있었다면 그것은 충분히 선정적이어야만 했다. 하물며 그녀임에야. 그런데 그렇지 않았다. 그녀의 벗은 몸은 차마 슬픔이었고 차라리 연민이었다. 특히 한 사진 앞에서 전율처럼 일렁이던 마음속 떨림을 나는 아직도 잊을 수 없다. 당신은 자신의 죽음을 예감하고 있는 듯한 이의 사진을 본 적이 있는가.

나는 그 날 그녀에게서 보았다. 12월의 첫 눈이 내려앉은 것 같은 하얀 속살 위에 주홍빛으로 세로와 가로의 넓은 선이 그어져 있었다. 세로는 그녀의 이마 중앙에서부터 가슴 계곡을 타고 배꼽 아래로 흐르고 있었으며 가로는 오른쪽 귀 아래에서 약간 비스듬히 누운 채 왼쪽 턱 선을 지나 동그마니 곡선을 그리는 어깨 위로 내려앉고 있었다. 마치 기울어진 십자가처럼. 그 느낌은 두렵도록 숭고한 빛이 번지는 순간이었다.

사진에 그러한 십자가 모양이 그려진 경로는 버트 스턴이 마릴린 먼로와의 촬영이 끝난 필름을 우선적으로 그녀에게 보내어 현상하기를 원치 않는 부분에 일종의 체크를 하도록 요청했었다. 마릴린 먼로가 무심코 그려 넣은 그 표식은 마치 죽음의 신이 그녀의 손을 들어 마지막 언질을 준 것처럼, 혹은 무의식 중에 그녀가 자신의 최후를 예감한 듯이 느껴졌던 것은 나의 지나친 비약일까.

마릴린 먼로의 누드 사진전에서 내 눈이 보았던 것은 물론 그녀의 벗

은 몸이었다. 그러나 나의 마음이 본 것은 화려한 스타로서의 삶으로도 채워지지 않는 목마름으로 끊임없이 사랑의 샘물을 갈구하던 마릴린 먼로였다. 그리고 거부하고 싶었을 상처투성이의 남루한 과거를 지닌 또 다른 그녀, 노마 진 베이커(Norma Jean Baker)가 서로를 외면하는 아프고도 흔들리는 몸짓이었다.

살면서 단 한 번도 행복한 적이 없었다던 여자. 단 한 번도.

그녀의 불행했던 삶을 짐작하기에 이것으로 충분하지 않을까. 행복의

기준은 다 다르므로 마릴린 먼로가 가졌던 그 모든 부와 성공조차도 그녀를 행복하게 하지 못했다는 것은 그녀에겐 사랑이 최고의 가치였지 않았을까싶다. 애석하게도 먼로는 자신을 진심으로 이해하고 사랑해주는 사람을 가져본 적이 없었다. 그녀가 단 한 번도 행복하지 않았다는 이유가 바로 거기에 있었다. 그러나 십자가 아래에서의 그녀 모습은 그 어느 때 보다 평화로워 보였다. 처음이자 마지막으로 자신을 인정하며 비로소 진정한 의미의 자아를 회복한 듯한 두 정체성의 일치. 인간에 대한 헛된 기대를 접고 욕망마저 내려놓은 먼로의 새로운 내면이 드러나 있었다. 그랬다. 그녀가 인생의 산고를 겪으며 거듭난 새 자아는 아이와도 같은 순수한 영혼의 아름다운 여신처럼 그렇게 기지개를 켜고 있었던 것이다.

마릴린 먼로가 살아낸 인생의 갇힘과 놓여남들이 오롯이 담겨져 있던 그 사진들로부터 내가 느낀 것이 나만의 느낌이 아니라 실제로 그 날 그녀가 벗어던진 옷의 굴레에서 몸이 자유를 되찾았기를 바란다. 또 자신의 무의식 속에 웅크리고 있던 다 자라지 못한 어리고 허약한 자아를 벗어던진 후 축복 같았을 마음의 자유와 평화가 그 순간만이라도 함께 했기를 진심으로 기원해본다.

그녀와 나누었던 짧고도 긴 무언의 대화를 끝내고 돌아 나오는 광화문 거리에는 구월이 자신의 죽음을 목전에 두고 있었다.

스탕달 신드롬을 아시나요

나른하고 몽롱한 느낌. 이국의 언어가 귓전에 닿을 듯 말 듯했다. 한쪽 눈을 살짝 떠 보니 두 눈에 한심한 표정이 가득한 웬 남자가 나를 보고 있었다. 만국 공통의 언어인 미소가 필요한 순간이었다. '양해를 바랍니다' 라는 의미로 살짜기 웃어 주고는 다시 눈을 감았다.

서울에서 뉴욕으로 날아간 지 3일째이건만 여전히 시차적응을 못한 내 몸은 그날도 간절히 수면을 원하고 있었다. 그렇다고 다시 호텔로 돌아갈 마음은 없었다. 하여 체면 불구하고 미술관에 비치되어 있던 의자에서 남편의 어깨를 베개 삼아 잠시 꿀잠을 잔 것이다.

그 곳은 바실리 칸딘스키(Wassily Kandinsky) 컬렉션이 세계 최대 규모로 소장되어 있는 구겐하임 미술관이었고 2009년 겨울이었다.

시작이 그래서였을까. 처음엔 별다른 감흥 없이 그림들을 스치듯 지나갔다. 그런데 칸딘스키와의 시간이 흐르면 흐를수록 초면의 그가 낯설지 않았다. 문득 기억의 강 저 너머로 빛의 화가 모네(Claude Monet)가 걸어오고 있었다. 그랬다. 그의 작품들은 모네를 닮아 있었다. 후에 안 일이지만 그는 모네의 그림 〈짚 더미〉를 본 이후의 감동과 충격으로 법률학 교수 제의도 마다하고 미술 공부를 위해 독일의 뮌헨 행을 감행했다. 사연이 그러하니 그의 초기 작품들, 특히 색감에서 내가 모네를 느낀 것은 어쩌면 당연했다.

14년 전 루브르 박물관에서 〈짚 더미〉연작을 처음 보았던 때가 생각났다. 그 그림 앞에 섰을 때 나는 시공간을 잊었다. 인간과 세상살이에서는 한번도 느낄 수 없었던 그지없는 편안함과 가 없는 쓸쓸함이 동시에 느껴졌다. 그것은 미지의 대상과 서로의 심장을 응시하며 나누는 무언의 대화였다. 어느새 눈가엔 눈물이 고였다. 그 감정을 차마 놓을 수 없어 보고 또 보았다. 아니, 마치 그들이 나를 놓아주지 않는 듯한 느낌마저 들었다. 몇 시간 동안이나 그러고 있는 나를 신기한 듯 바라볼 뿐 말없이 기다려주던 남편도 생각해보면 참 연구 대상이다. 그의 인내심은 그 후로도 변함이 없다.

강렬한 느낌. 그렇다. 나는 종종 미술이나 사진, 혹은 여러 예술품들과 너무도 진한 감정적인 교류를 하곤 한다. 그것은 심장을 파고드는 파르르한 전율이거나 견딜 수 없는 슬픔으로 와 닿을 때도 있으며 때로는 너무도 다정다감하다. 이런 나를 지인들은 대체로 이해할 수 없어 했고 때로는 의혹의 눈빛을 보내기도 했다. 나도 궁금했다. 내가 왜 그런지를. 그런 의미에서 제임스 엘킨스의 저서《그림과 눈물》로부터 스탕달 신드롬(Stendal Syndrome)을 접한 건 반가운 일이었다.

이 증후군은 유명한 미술품이나 예술 작품을 접했을 때 가슴이 뛰거나 정신적 일체감, 격렬한 흥분과 감흥 등의 공황상태를 말한다. 대체로 감수성이 예민한 이들에게서 많이 일어나는 것으로 증세에 따라 입원해야 할 경우도 있지만 대부분 그 특정 그림이나 예술품에서 벗어나 안정을 취하면 곧 회복된다.

스탕달 신드롬은 작가 스탕달로부터 시작되었다. 그가 이탈리아의 피렌체를 여행하던 중 들렀던 산타크로체 성당을 떠나던 순간 갑자기 깊은 황홀경에 빠져든 채 주저앉아 버렸다.

어떤 이는 귀도 레니의 〈베아트리체 첸치〉라는 작품에 너무 심취해서라거나 아니다, 그 작품은 영국의 시인 셸리의 영혼을 뒤흔든 것이고 스탕달의 충격과 감동은 그 성당 내에서 보았던 조토의 아름다운 프레스코화 때문이라는 설도 있다. 어쨌든 그가 자신의 기행문《나폴리와 피렌체-밀라노에서 레조까지의 여행》에서 이 낯선 감정을 기록해놓은 것을 피렌체의 정신과 의사였던 그라치엘라 마게리니가 발견한 뒤에 '스탕달 신드롬' 이라는 용어로 탄생됐다.

2009년, 뉴욕의 구겐하임 미술관에서 만났던 칸딘스키의 작품들은 평소 지루하고 딱딱하다 여기던 기하학적인 도형들이 캔버스 위의 오선지가 되고 음표가 되어 아름다운 선율로 살아났다. 그런가하면 다채롭고 강렬한 색의 향연을 펼치며 곧잘 나를 무방비 상태로 만들어 버렸다. 꿈꾸는 아이처럼 내 입가엔 미소가 흘렀고 마음은 풍선처럼 날아올랐다. 소라껍데기 마냥 빙빙 감아 오르던 그 어지럼증. 처음 알았다. 그림으로 그토록 마음이 데워지고 행복해질 수도 있다는 것을. 그의 그림들은 그 겨울, 내게 가장 절실한 순간의 '따뜻한 말 한마디' 였다.

예술품들과 눈물이 날 만치 깊은 감정적인 교류가 정말 가능하냐고 물어오는 이들이 가끔 있다. 딱히 뭐라 답할 수 없었던 그 물음에 이젠 이렇게 되물어 주겠다. '스탕달 신드롬을 아시나요?' 라고. 14년 전 모네의 작품 〈짚 더미〉로부터 시작 된 나와 미술품들과의 깊은 만남이 물론 스탕달 신드롬까지는 아니다. 그러나 적어도 이 증후군에 대해서 들려준다면 예술품들과 좀 유별스럽다 할 감흥을 경험하는 나를 말하기에 조금은 더 수월해지지 않을까 싶다.

난 조영남의 팬이다, 그러나

2010년 초였던가. 거실 창밖의 나무들 사이로 까치들이 유난히 분주해 보였다. 가만 보자니 겉보기에 멀쩡한 둥지를 두고 조금 떨어진 곳에 또 다른 둥지를 짓고 있는 게 아닌가. 지극히 인간적인 나의 짐작은 아하, 별장을 짓는구나. 근데 새들에게도 별장이 필요한가? 였다. 집에 온 지인들에게 새 둥지에 대해 재미삼아 물어보았다. 어떤 이는 적들이 자신의 거처를 알 수 없도록 혼란을 주기 위한 위장용으로 짓는 것이라 했다. 또 어느 지인은 유부남이 자신의 애인과 살림을 차리기 위한 용도라고 했으며 내 오랜 친구는 투자용 주택이라 했다. 다 일리 있고 흥미로운 생각들이었다. 그 중 가장 압권은 내 남편이었다.

"어쩌면 쌍둥이 새들을 봤을 수도 있어, 형네 집 가까이에 새 둥지를 짓고 있는 동생을 쌍둥이 형으로 착각한거지.”

그 엉뚱한 생각에 기가 막혀 잠시 할 말을 잃었다. 그러다 곧 숨이 넘어갈 듯이 웃었다. 왜냐하면 실제로 남편은 일란성 쌍둥이다. 게다가 오래 전 그의 쌍둥이 형이 그와 가까이 살고자 우리 동네 근처로 이사 온 일이 있다. 사람들은 같은 것을 보면서도 그렇게 다 생각이 달랐다.

'다르다' 는 말과 함께 내가 쉬이 떠올리는 이들 중 가수 조영남도 포함된다. 물론 개인적으로 내가 그를 아는 건 아니다. 다만 여러 매체에서 그가 말하고 보여주는 삶에서의 이미지가 그러했다. 그 해 2월 초 롯데백화점 에비뉴엘 롯데 갤러리에서 조영남의 〈딴짓예찬〉 그림 전시회가 있었다. 1945년 강원도 태생인 그는 서울대학교 음대 성악과 입학

후 돌연 〈딜라일라〉라는 번안곡으로 가요계에 데뷔했다. 1974년 빌리 그레이엄 목사의 여의도 집회 때 성악 가수로 노래를 한 것이 인연이 되어 미국 유학길에 올랐다. 이후 플로리다 트리니티 그리스도 신학교에서 신학 박사학위를 취득하고 귀국했다. 미술평론가, 방송인 등 다방면에서 다양한 재능과 능력을 겸비한 자칭 화수(화가+가수)인 그의 두 번째 전시회 소재는 특이하게도 '화투' 였다.

19세기 경 일본의 대마도 상인들로부터 우리나라에 전해져 일제 강점기 동안 한국인들의 삶에 깊숙이 파고든 화투는 태생적으로 좀 부정적인 데가 있다. 음지에서 피었을 때 그 향이 더 유혹적이고 치명적인 도박의 꽃이기 때문이다. 그럼에도 불구하고 대다수의 국민들이 좋아하

는 양지에 핀 꽃이기도 하다며 좀 더 솔직해질 것을 요구하는 남자, 조영남. 또 화려한 조형미가 있어 그 자체로도 충분히 미학적인 아름다움이 있고 한 장 한 장 다 다른 삶의 의미를 내포하고 있다며 원색적이리만치 솔직한 화법의 소유자인 그는 이렇게 덧붙인다. 화투를 그림 소재로 선택한 까닭은 무엇보다도 "시선을 끌기 위해서"라고.

그는 화투 중에서도 사흑싸리를 가장 좋아한다. 다른 화투와 달리 소박하고 단순한 것이 어딘가 서민적인 데가 있기 때문이라는. 그중에서도 빨간 띠가 길게 그려진 것에서는 사흑싸리 인간들을 위해 십자가에 매달린 예수를 보는 듯 하다는 다소 위험한 발언도 서슴치 않는다.

1982년 소설가 조정래가 편집장으로 있던 출판사에서 낸 그의 저서 《예수가 샅바를 잡다》 표지에 그 화투를 그림으로 그려 넣었다가 차후 본인의 표현대로 거의 몰매를 맞을 뻔했다. 그래도 그는 말한다. 빨간 띠를 두른 사흑싸리는 화투 최고의 미학이라고.

그 날, 조영남이라는 인물과 화투를 소재로 한 그의 그림에 평소 관심이 많았던 나는 내내 그의 전시회를 기다리고 있었기에 내심 작품 구입까지 생각하고 갔었다. 마음을 흔드는 작품도 분명 있었다. 그런데 결정적인 순간 망설여졌다. 언제나 '다르다'에 열렬한 지지를 보내던 나를 지극히 충족시키던 그의 그림들 앞에서 긴 시간을 서성이다 결국 돌아섰다. 그러나 왜 그렇게 망설여지는지에 대한 이유는 알 듯 모를 듯한 채로.

그 날 이후 일 년이 훌쩍 지났다. 이제서야 드는 생각은 아마도 내 무의식의 혈관을 타고 흐르던 일본에 대한 뿌리 깊은 반감이 그 때 쓰윽 고개를 든 게 아닐까 싶다.

내친김에 내 마음을 따라가 보았다. 15년 전 미국에서 살 때였다. 회사 일로 남편이 일본에 갈 때 나도 동행을 한 적이 있다. 이상하게도 지극히 일본적인 것에선 왠지 시선을 돌리게 되고 그들의 전통적인 기념품일수록 더 사고 싶지 않았다. 그러고 보니 일본 음식도 좋아하지 않는다기보다 초밥 외에는 별로 접하고 싶지 않았던 것 같다. 일본 작가들의 책이나 영화, 음악에도 그들 특유의 민족적인 색채가 지극히 강한 것에서는 어쩐지 마음의 벽 하나를 세워두게 되는 심정이었다. 아마도 나는 나도 모르게 일본에 대한 소심한 밀어냄, 어쩔 수 없는 거부감을 그렇게 표출하고 있었던 것 같다.

사실 화투가 무슨 죄가 있겠는가. 다만 그동안 학교교육이나 책, 드라마, 영화 등으로 인한 간접적인 경험이었다 할지라도 일본강점기로부터 우리나라가 치러내야 했던 그 치욕스러운 기억에 대한 빨간 아픔들. 그리고 이미 오래 전 과거의 일이니 그만 잊어야 한다는 자의 반 타의 반으로 눌러진 감정들이 그 날 화투에 모두 투사된 게 아닌가 싶다.

내게 화투는 단순한 놀이의 개념일 때는 부담 없으나 도박의 경계에 서면 아주 위험한 존재로 인식되고 있었다. 거기에 일본의 것이라는 생각은 거의 없었다. 그러던 것이 미술작품화 되어 내 앞에 섰을 때 처음의 기발한 발상에 대한 흥미로움은 온데간데없이 사라지고 생각지도 못했던 벽을 만난 것이다. 일본의 것이라는 그 벽. 그것이 나를 예술을 예술로만 보지 못하는 답답한 이라 해도 어쩔 수 없다는 심정이 들게 했던 것 같다. 하지만 무릇 사람의 생각이란 다 다르지 않는가. 그런 의미에서 내 생각은 비록 이렇다 해도 조영남에 대해서 개인적인 감정은 없다. 그의 생각은 그의 것이니까. 그리고 나는 여전히 그의 팬이다.

봄이라서 더 슬픈 사람들

'삶에 지치고 사람들로부터 지친다. 그리고 그런 나에게 더 지친다.'라는 글을 남기고 배우 최진실의 남동생인 최진영 마저 스스로 삶을 끝내버렸다. 창졸간에 침몰한 천안함은 자신의 죽음에 대해 아무 말이 없다. 내 일, 내 가족의 일인 듯 우리들 가슴에 시린 바닷물이 들어차고 절망한 어느 사내의 간헐적인 절규만이 허망하게 떠도는 참 모진 봄이다.

그 봄, 칠흑 같은 어둠속에 J와 내가 서있었다. 《어둠속의 대화》라는 전시 공간에서 1시간 30여분 동안 시각장애자인 로드마스터의 안내에 따라 단 한 줄기의 빛도 허용되지 않는 완벽한 어둠속에서 시각장애인들의 일상적인 삶을 직접 체험 해보고자 한 것이다.

내게 보이지 않는다는 것은 평생 검은 바다만 보아야 한다는 것이었고 그것은 상상 그 이상의 충격이었다. 용기가 필요한 시점이었다. 잡고 있던 친구의 옷자락을 천천히 놓았다.

여고 동창생인 J는 대학 졸업 후 잠깐의 직장 생활을 한 뒤 결혼했다. 전형적인 전업주부로서 남편의 사랑을 받으며 꽃처럼 행복해하던 그녀가 어느 날 한숨처럼 내뱉은 말.

"나는 사랑이 영원한건 줄 알았다."

친구의 한숨을 주워 담듯이 내가 말했다.

"영원한 사랑도 있지, 모두의 사랑이 영원한 게 아닐 뿐이지."

그 후 그들은 툭 떨어진 꽃과 시든 줄기처럼 법적 절차만 남겨둔 채 남남이 되었다.

친구는 지금 치열하게 홀로서기 중이다. 그러나 결혼 내내 모든 주파수를 남편에게 맞추며 수동적인 삶에 익숙했던 그녀에게 심적, 경제적인

자립은 가장 어려운 과제이자 곤혹스런 복병이었다. 다행히 낯선 삶으로부터 무너지고 일어서기를 반복하는 사이 그녀의 내면은 점점 더 단단해져가고 있었다. 아니, 그런 줄 알았다.

《어둠속의 대화》라는 이 전시는 현재 신촌에 위치한 버티고타워 9층에서 열리고 있으며 국제자선단체 아쇼카(Ashoka)에 소속된 사회사업가인 독일의 안드레아스 하이네케 박사에 의해 처음 고안되었다. 1988년부터 시작되어 23개 국가의 150여개 도시에서 전시된 바 있으며 한국을 비롯해 독일, 미국, 등 많은 도시에서 현재 상설 전시되고 있다. 지금까지 600만 명 이상의 세계인들이 체험했으며 6000명 이상의 시각장애인들의 고용창출 효과까지 불러일으켰다. 내게 그 어둠의 시간들은 미래에 무엇이 있을지 알 수 없으나 그럼에도 불구하고 우리가 가야 하는 인생길 같았다. 또한 시각장애인들의 삶을 미루어 짐작할 때의 막연한 연민과는 다른 어둠 속 한 줄기 빛과도 같은 어떤 공감을 불러 일으켰다. 그러나 친구는 나와 좀 달랐다. 지금의 내 인생이 칠흑과도 같은 어두움 그 자체인데 이게 뭐 별건가하는 묘한 반발심과 딱히 뭐라 말할 수 없는 착잡함에 그 시간들이 참 힘들었다 했다.

아마도 J는 어둠 속 시각장애인들의 삶과 자신의 현실이 동일시되었나보다. 버거웠던 생의 한가운데에서 타인의 시련이 공감되기는커녕 연민의 마음마저 들기 어려웠다는 J. 그런 스스로에 대해 그녀는 또 얼마나 마음이 서걱대었을까.

대부분의 우리는 아프고 힘든 처지의 타인을 보거나 돕는 가운데서 의도하지 않았던 위안과 삶의 에너지를 갖기도 한다. 그런데 그즈음의 J는 아니었다.

시각적으로 밝고 아름다운 것을 대할 때나 심적, 물질적으로 편안한 이들의 일상을 보고 듣는 순간, 또는 그저 가벼운 웃음 한 자락을 수놓을 때 그녀의 낯빛이 훨씬 더 밝아졌다. 비록 타인의 것이라 해도 더 이상의 어둠은 견딜 수 없었던 것이다. 그러한 친구에게 누군가의 밝음에도 한 점 어둠은 있기 마련이고 정녕 보고자 한다면 역경 속에서도 빛은 존재한다는 그런 말, 왠지 할 수 없었다. 왜냐하면 사람마다 육체적인 고통을 느끼고 참아내는 정도가 다르듯이 심적인 아픔을 견뎌내는 용량 또한 다 다르므로 함부로 내 잣대를 들이댈 수 없었다.

전시회장을 나와 마주앉은 주점에서 그녀의 어둠에 관하여 생각해보았다. 친구의 영혼에 한 줄기 빛이 필요한 때인 것만은 분명했다. 그렇다면 J가 의욕의 새 신발을 신고 긍정의 빛줄기를 따라 다시 세상 속으로 저벅저벅 걸어가게 할 힘은 무엇일까. 그저 돈 걱정만 없으면 그녀는 다시 행복해질 수 있을까. 나는 아니라고 보았다.

"J야, 이제 마음 가는 사람 있으면 좀 만나기도 하고 그러지."

"다시는……. 결혼 같은 거 안하고 싶어."

"바보야, 사랑하랬지 누가 결혼하래?"

내 말에 눈물 같은 미소를 주르륵 흘리던 그녀.

서해의 시린 바닷물이 폐부에 들어찬 천암함의 죽음들과 그것을 목격해야 하는 우리들. 또 절망의 끝에서 길을 잃어버린 배우 최진영과 내 친구에게도 올해만큼은 이 봄이 찬란하지 않다. 그러나 돌고 도는 게 인생사 아닌가. 사는 게 찬란할 때도 있고 어둠천지일 때도 있는. 그러므로 지나가리라. 시간 속에 지나간 나의 어느 봄이 그랬던 것처럼.

시인 박노해를 만나다

시월과 가을 사이를 좀 걸었다. 걷다보니 성곡 미술관에서 박노해의 〈나 거기에 그들처럼〉 사진전시회가 열리고 있던 세종문화회관까지 가게 되었다. 그 날의 우연한 발걸음 덕에 내 영혼의 창고에는 곡식이 그득하게 쌓였다. 심지도 않았던 수확이 있었기 때문이다.

박노해, 1957년 전라남도 함평에서 태어난 그의 본명은 박기평이다. 그는 암울했던 시대의 노동자, 그리고 시인이자 혁명가였다. 첫 시집 《노동의 새벽》이 세상 빛을 보자마자 불온한 인물이라는 도장이 찍혔다. 7년여라는 오랜 세월 지명수배에 쫓기다 1991년 체포되어 사형을 구형받고 무기징역형에 처해졌다. 1998년 8월 15일 김대중 대통령의 특별사면조치로 석방되어 민주화운동 유권자로 복권되었다.

이후 그는 사회적인 발언을 삼간 채 국내에서만 머물던 시야를 국외로 돌려 생명, 평화, 나눔을 기치로 한 사회운동단체 '나눔 문화'를 설립했다. 그가 평화운동가로서 활동하게 된 것은 2003년 미국과 이라크의 전쟁이 그 직접적인 계기였다. 이번 사진전은 분쟁과 절대 빈곤으로 지구상에서 가장 처절한 신음 소리를 내고 있는 아시아, 중동, 아프리카, 중남미의 현주소이자 아픈 기록들이다.

그의 첫 시집을 읽고 전율했던 기억이 아득한 가운데 전시장 안으로 들어갔다. 120점의 사진들 중 가장 마음을 붙든 작품은 〈리마의 십자가상 뒤편〉이었다. 높은 산성의 그림자가 산그늘처럼 내려와 앉은 꼭대기에 외마디처럼 서있던 작은 몸짓 하나, 그것은 십자가가 만들어낸 그림자였다. 그 너머로는 페루의 수도 리마가 빛 속에 고즈넉했다. 흑백사진 프레임의 절반은 짙은 어둠, 나머지 절반은 밝음에 속한 그 한복판에서 십자가는 내게 뭔가 할 말이 있는 듯 했다. 그러나 난 좀체 알아들을 수 없었다.

집으로 돌아오는 길 내내 또 그 뒤로도 계속 그림자처럼 따라다니던 한 점의 사진은 기어이 나를 다시 전시장으로 불러들였다. 예의 그 사진 앞에서 한참을 서성이다 중앙에 마련된 의자에 몸을 실었다. 그 때 탁자 위에 비치되어 있던 한 권의 책이 눈에 들어왔다.

박노해의 신작 시집 《그러니 그대 사라지지 말아라》. 별 기대 없이 첫 장을 열었다. 어느 순간 가슴 한 켠이 쿵 내려앉더니 〈새〉를 읽어갈 즈음에는 그렁그렁 맺히던 눈물방울들. 책장을 넘길수록 그를 꼭 만나고 싶어졌다. 오후 5시 경 사인회가 있다는 직원의 말에 시계를 보니 1시 10분이었다. 긴 기다림이 될 터이지만 개의치 않았다. 길 건너편에 있는 교보 문고에서 그의 시집을 사들고 왔다. 한 장 한 장 책갈피를 넘길 때마다 주위의 시선이 민망할 만치 눈물이 났다. 절반가량 읽었을 즈음 굳게 잠긴 자물쇠에 꼭 들어맞는 열쇠가 꽂힌 순간처럼 심장의 문이 드르륵 열리고 있었다. 사진 속 십자가가 내게 무슨 말을 하고 싶었는지 알 것 같았다. 한참 후 그가 도착했다. 미리 구입해 둔 사진집을 펼치며 시인의 맞은편에 앉았다.

"괜찮으시면 작품 〈리마의 십자가상 뒤편〉 아래에다 부탁드릴께요."

"이 사진이 마음에 드셨나 봐요, 제가 가장 마음을 담아 찍은 건데……."

깊은 눈빛, 말간 얼굴, 마른 체격의 그가 붓글씨로 사인을 하는 모습은 마치 기도 같았다. 잠시 망설이다 그의 시집을 내밀며 꼭 전하고 싶었던 한마디를 건넸다.

"고맙습니다."

나로서는 많은 의미와 진심이 담긴 그 말에 그저 말없이 나를 바라보던 시인. 나도 모르게 눈물이 흘렀다. 모두가 조용히 지켜보고 있는 가운데 그가 내 왼쪽 볼을 가만히 쓰다듬어 주었다. 마치 눈물을 닦아 주듯이. 그것은 아무런 사심이 없는 따뜻한 무언의 대화였다.

시인이 다시 붓을 들었다. 내 이름 석 자가 가로로 씌어진 아랫부분에 세로로 길게 내려 쓴 그의 이름이 강렬한 기운을 내뿜으며 우뚝 서있었다. 아, 십자가였다.

"4,5년 뒤에 다시 한국으로 돌아올 것 같습니다, 제가 죽지 않는다면 그때 다시 만납시다."

난 아무런 말도 할 수가 없었다. 전쟁터와 분쟁 지역으로 떠날 때마다 매번 유서를 써놓고 간다는 그. 아마도 만나는 모든 이, 혹은 독자들에게 그가 남기는 마지막 인사말일 터였다.

2010년 10월 13일자 《국민일보》와의 인터뷰에서 박노해는 자신의 신작 시집을 지구 시대의 《노동의 새벽》이라고 했다. 그의 시집 마지막 장을 덮으며 든 내 생각도 그랬다. 지금 이 순간에도 전쟁과 기아로 최소한의 인권마저 증발해버린 삶을 살아야 하는 사람들, 그것은 과거 우리의 참담했던 자화상이다. 지난 시절 우리나라가 급속한 경제 성장과 민주화를 이루어갈 때 국경너머 지구인들의 도움을 받았듯이 이제 우리가 돌려줄 때라는 시인의 말에 깊이 동감했다. 무엇보다 나의 편안한 일

상이 국내와 지구 어느 곳 누군가의 삶이 착취된 결과로서 온 것일지도 모른다는 자각에 새삼 부끄러웠다. 그리고 어떤 책임의식마저 들었다. 세계화의 무한질주에 극도로 양극화된 이 시대를 살아간다는 것은 어쩌면 〈리마의 십자가상 뒤편〉의 그 사진에서와 같은 것일지도 모른다. 아주 밝거나 아니면 칠흑 같은 어두움. 작은 십자가는 말하고 있었다. 개개인마다 평화, 그리고 나눔에의 의지가 있다면 밝음과 어두움 그 사이에 우리가 희망하는 무지개빛 중간 지대가 점점 더 많아질 것이라고. 그것이 어찌 십자가만의 음성이겠는가.

꼭 기억해야겠다

2월이 삼월이라는 시간의 징검다리를 막 건너갈 즈음 이른 봄나들이를 했다. 아니지, 지상낙원을 다녀왔다 해도 무방하겠다. 단돈 만 오천 원. 천국의 숲으로 들어가는 티켓 값치곤 저렴했다. 그 출입구에는 이렇게 적혀있었다.

《훈데르트바서》 2010 한국 전시회, 예술의 전당 디자인 미술관.

프리덴스라이히 훈데르트바서(Friedensrei Hundertwasser)는 1928년 오스트리아 빈에서 아리아인 아버지와 유대인 어머니의 외아들로 태어났다. 평화를 사랑한 화가이자 나체주의자이며 평생을 한 곳에 머무르지 않았던 고독하고 자유로운 영혼의 여행가였다. 건축가, 그리고 범세계적인 환경운동가이기도 했다. 이번 그의 전시에는 페인팅

과 그래픽, 태피스트리, 건축 모형 등 대표작 120여 점이 전시되었다. 전시회의 시작은 그의 유언에 따라 뉴질랜드에 있는 자신의 정원 튤립 나무아래 관도 없이 묻혔다는 사연과 함께 회화로 이어졌다.

훈데르트바서 그림의 주 모티브는 나선이다. 구불구불 흘러가는 강물결, 두꺼운 듯 얇은 듯이 반복되는 나무의 나이테에서 그는 보고 느꼈다. 자연의 순환과 시작도 끝도 없이 이어지는 인간의 삶이 서로 닮아있다는 것을. 유기적인 곡선으로 가득한 훈데르트바서의 나선형 그림에선 심오한 철학적 사유와 문학적 향기가 가득했다.

이런 경험은 처음이었다. 전시된 작품들을 보던 중 돌아나가고 싶었던 적은. 결코 실망해서가 아니었다. 그 반대였다. 내 눈길과 발길을 딱 멈추게 했던 〈슈피텔라우 쓰레기 소각장〉 건축 모형을 본 순간 아득해졌다. 뭐랄까, 이거 예사로운 전시가 아니구나라는 생각이 든 것이다. 내겐 생소하기만 했던 훈데르트바서라는 작가가 너무나 궁금해졌다. 도대체 어떤 생각의 소유자였고 어떠한 삶의 여정을 살아낸 이였기에 이런 건축디자인이 나올 수 있었을까싶은. 작가에 대해 충분히 숙지하지 못하고 온 스스로를 탓할 수밖에 없었다.

그 작품은 당시 오스트리아의 수도 빈의 시장이었던 헬멋 질크의 제의로 훈데르트바서가 슈피텔라우 지역난방 플랜트의 외관 개조 작업을 맡은 것이었다. 간단한 설명과 함께 첨부된 리모델링 전의 사진 속 건물은 참 삭막했다. 단색의 전형적인 사각형 건물에 빨갛고 하얀 띠를 두른 뚱한 얼굴의 굴뚝, 차갑고 황량한 느낌이 훅 끼쳐왔다. 그런데 친환경적인 훈데르트바서의 철학과 기발하고 동심이 가득한 그의 예술적 감성이 가 닿자 쓰레기 소각장이 책 속의 아라비안나이트에서나 볼 듯한 상상속의 궁전으로 바뀌어 있었다. 놀라운 반전이었다. 단지 건축 모형만 보았을 뿐인데도 내 눈길이 유순해지고 입가엔 잔잔한 미소가 번졌다. 그제서야 알 것 같았다. 왜 그를 '건축치료사' 라고 부르는지를. 기능주의와 실용주의에 바탕을 둔 획일적인 격자 형태의 건물이 얼마나 인간의 내면에 부정적인 영향을 끼치는지 실감했다. 그때부터 약간의 흥분이 일었다. 8점의 건축 모형들을 우선적으로 찬찬히 둘러보았다. 스페인에 가우디가 있다면 오스트리아에는 훈데르트바서라는 말은 가히 사실이었다. 내 경우엔 가우디의 작품들을 직접 보았을 때보다 더 흥미로웠다.

그의 건축물들은 하나같이 야트막했다. 둥그스름한 무지개처럼 대지에서부터 완만하게 연결된 건물의 옥상과 주택의 지붕 위는 잔디와 나무들로 푸름 천지였다. 심지어 빌라의 2층 혹은 3층 창가에도 커다란 나무가 동화처럼 자라고 있었다. 건물 자체가 숲이었고 호젓한 산책길이었다. 수평선을 사랑하고 수직선을 혐오했던 훈데르트바서. 그에게는 벽도 일종의 직선이었든지 건물 벽의 모서리는 대부분 둥글게 마감되었다. 다양성을 존중한 그답게 전부 다른 크기와 문양, 색상을 간직한 수많은 창문들은 놀랍게도 모두 유일했다. 창은 건물의 눈이라 했던가. 훈데르트바서로부터 생명의 입김을 부여받은 건축물들의 눈길은 어찌나 다 다정하고 위트가 넘치든지. 그의 건축 모형들이 주던 평화롭고 따뜻한 정서적인 위로들, 잊지 못할 특별한 감흥이었다.

자연과 인간의 공존이 잘 어우러진 거주지는 지상낙원이다. 그러나 우리 모두가 꿈꾸지만 당장의 필요나 탐욕에 의해 늘 바스러지기 쉬운 꿈이기도 하다. 훈데르트바서는 그것을 현실로 실현해냈다. 환경운동가였던 그 자신의 삶과 그림, 그리고 그가 설계한 세계 곳곳의 건축물들로서. 내게 그의 전시회는 도심 속 천국을 잠시 거닐다 온 듯했다.

그런데 마냥 좋을 수만은 없었다. 언젠가부터 한없이 빽빽하고 점점 더 찌를 듯한 직선의 도시로 변해가는 서울의 얼굴이 한숨처럼 떠올랐기 때문이다. 안타까웠다. 그래서인가. 훈데르트바서가 보여주고 들려준 건축물과 인간의 조화로운 삶, 그리고 자연 보호에 대해 그 어느 때보다 깊이 생각해본 시간들이었다. 그러므로 꼭 기억해야겠다. 그가 전하는 이 직선 같은 한 마디를. '당신은 자연에 들린 손님입니다, 예의를 갖추십시오.'

| 서 평 |

빛과 그림자, 따뜻함과 차가움

−이현희의 수필 세계−

임 헌 영 *문학평론가*

1. 그림자의 미학

이현희에게는 깊숙하게 뿌리박힌 그림자가 느껴진다. 그 그림자는 그녀의 얼굴, 특히 항상 뭔가 상대의 속내를 캐어내고야 말겠다는 식으로 쏘아대는 강한 눈빛과, 이와는 대조적으로 어떤 놀랄 일에도 전혀 감동하지 않겠다는 결연함을 상징하는 무표정 속에 삶의 신산함과 즐거움을 응축시켜 자기만의 견고한 성을 쌓아올려 누구도 침범할 수 없도록 만든 고독의 전도사로 투영된다. 그녀의 그림자는 얼굴에만 표상되는 게 아니라 의상이나 어투 등 모든 행위와 활동 그 자체에도 스며있는 특유의 미학으로 자리 잡은 듯하다. 어쩐지 이현희가 지닌 그림자는 흑백이 아니라 컬러일 것만 같은 느낌을 준다. 그것은 자신의 삶을 어떤 악조건에서도 행복 버전으로 전환시킬 수 있다는 냉혹한 이지적인 요인이 원래 타고 난 내면적인 정열과 갈등을 야기한 데서 유래하는 다채로운 인생유전(人生流轉)을 간직하고 있기 때문이다.

인생유전이라니. 이현희에게 그렇게 이름 할 만큼의 과거가 있긴 한 걸까? 수필 〈낮달의 운명〉에서

작가는 이렇게 자신의 인생을 축약해준다.

내 인생은 때때로 달 같았다. 그 중에서도 한낮에 뜨는 낮달.

달의 배경이 낮이 되었을 때 태양의 밝음으로 인하여 그녀는 초대받지 못한 손님이 되어 버린다. 그러나 밤이 되면 어둠으로 인하여 저 스스로 하늘의 주인이 된다. 늘 배경이 운명을 쥐고 있는, 그것이 달의 운명이다. 그리고 내 운명이라고 생각한 적도 있었다.

난 가끔씩 낮달에게, 그리고 내 운명에게 묻고 싶었다. 낮달은 과연 자신이 원해서 대낮에 뜬 것일까? 밤을 배경으로 두둥실 떠오르는 보름달이 되고 싶진 않았을까? 내 운명을 쥐고 있는 배경은 누구일까? 나일까? 절대자일까? 아니면 둘 다인가.

〈낮달의 운명〉

누구나 태양이 되고 싶은 게 세상의 이치인데, 이 작가는 18세 때 "소녀가 감당하기엔 너무 어둡고 긴 터널" 앞에서 멈춰 선다. "대학생이던 언니와 나보다 일곱 살 아래인 여동생"과 '나'는 부모를 거의 동시에 잃는다.

"봄비가 슬프고도 아름답던 날. 40대의 젊은 엄마가 레테(Lethe)의 강을 건너가셨고 그 후 5년이 흐른 뒤, 아버지마저 버거우셨을 삶의 신발을 고스란히 벗어놓으시고 그 망각의 강에 또한 두 발을 담그셨다. 그

를 데려간 건 불의의 사고였다."

그 뒤 사연을 굳이 꼬치꼬치 캐고픈 호기심을 자제하면서 작가의 인생론 속으로 직진해 보노라면, "운명을 관장하는 이가 누구이든 한 가지 확실한 것은 본인의 선택에 의한 결과로 한낮의 낮달이 될 때에는 그래도 견딜 만하다."라는 데에 이르게 되고, 그러기 위해서 이현희 작가가 취했을 삶의 치열성이 빛과 그림자의 미학으로 연계되어 있다는 논리로 귀착된다.

누구나 추구하는 빛은 쉽게 보이지만 그 빛이 낳은 그림자는 아무에게나 보이지 않는다. 그림자를 품어본, 그림자 밑에서 고뇌해 본 혜안에게만 그 의미는 확대되어 삶의 밑거름으로 작용한다.

이런 이현희 식 그림자를 작가 자신은 〈따뜻한 그림자〉라고 이름 하는데, 여기에 이현희 수필문학의 미학적 뿌리가 튼실하게 자리 잡고 있다.

사전적인 의미로는 "물체가 빛에 가리어 반대쪽에 나타나는 거무스름한 형상, 얼굴에 나타난 불행이나 근심 따위의 표정, 물이나 거울에 비치는 물체

의 형상 등" 으로, "우리가 가진 그림자에 대한 이미지는 아무래도 부정적인 측면" 이 많다는 건 싱거울 정도의 상식이겠다.

이 작가는 물리적인 현상으로 나타나는 온갖 그림자를 부정적인 이미지로 표출해내는 것이 아니라 그걸 화학적인 심리반응으로 분석해 내는데 이현희 특유의 감각적인 미학이 스며있다. 예를 들면 모든 사람들의 그림자가 쓸쓸한 것이 아니라 "누군가의 쓸쓸한 뒷모습을 따르는 그, 혹은 그녀의 그림자" 라야 어떤 슬픔이 배어있다고 느끼는 감각이 이현희 수필의 미학적 기교가 잠재해 있다. 여기서 작가적인 감각은 더 치열해져 쓸쓸한 그림자의 이미지를 무생물에게도 전이시켜 나간다.

휘황찬란한 명품 대리석으로 몸치장을 한 너무도 높고 넓은 벽을 가진 도시의 빌딩들은 그 그림자조차 오만하다. 마치 완벽하고 빈틈없는 이의 그것처럼. 그래도 어쩔 수 없는 아니, 그래서 더 큰 고독의 그림자를 품고 있기도 하다."

〈따뜻한 그림자〉

존재의 반영으로서의 그림자를 통한 세상 읽기의 오묘한 판타지가 펼쳐진 대목인데, 이런 대형 초호화빌딩의 그림자가 '오만' 하다는 것에서는 세상을 보는 작가의 인도주의적인 시선을 느끼게 하지만, "그래서 더 큰 고독의 그림자를 품고 있기도 하다." 라는 대목에 이르면 인간 존

재의 시원을 탐색하는 차원, 그림자를 통해 세상을 볼 줄 아는 작가안(作家眼)을 만나게 된다.

2. 그림자도 따뜻할 수 있다

그래서일까. 인물이나 사물, 사건 등 세상을 보는 이현희 작가의 눈은 특이하다.

"후드득, 빗물 듣는 소리에 잠을 깼다. 5월의 어느 새벽녘이었다. 정적이 주는 고요가 강물처럼 흐르고 방 안을 가득 채우는 비의 선율들. 참 평화로웠다. 그러다 스르르 든 생각, 오늘은 그림자를 볼 수 없겠구나 였다."라는 이 작품의 첫 대목은 기발성(奇拔性)이기보다는 기벽(奇癖)에 가까운 것으로 둔탁하게 뇌리를 친다. 5월 새벽의 빗소리라면 응당 생명의 약동이라거나 재 너머 사래 긴 밭 갈기를 연상하는 장삼이사(張三李四)들의 뒤통수를 치는 이 발상법을 이해하게 되면 이현희 수필의 컬러판 그림자 퀴즈의 정답을 맞힐 수 있을 것이다.

이 글에 따르면 이현희가 그림자를 통한 세상 읽기를 터득하게 된 계기는 "3년 전 사진의 신화, 앙리 카르티에-브레송의 사진집에서 〈생-라자르 역

후문, 파리, 1932〉를 본 후" 부터이다.

그 외에도 그가 드러내놓은 그림자 세상에는 쓸쓸한 가운데 뭐라 말할 수 없는 따뜻함이 배어 있었다. 현실에서도 따스한 그림자를 만나고 싶었다. 그때부터 내 매일의 일상, 심지어 낯선 여행지에서조차 늘 그림자들을 바라보기 시작했다.

〈따뜻한 그림자〉

빛과 따뜻함이라는 상생의 궁합이 아닌 그림자와 따뜻함이라는 상극(相剋)의 미학적인 조합은 이 작가의 내면에 음습하게 도사리고 있는 저 유년의, 혹은 그 뒤의 성장기나 철이 든 뒤에 겪었던 삶의 상처를 느끼게 한다. 그 상처가 이제 말끔히 아물어 자신의 아픈 기억을 남의 아픔을 살필 수 있는 따뜻한 시선과 보듬어주고 싶은 여유에 이르렀음을 상징하며, 작가정신이란 어떤 인생 역정을 겪었든지 결국은 이런 경지에 도달해야 자신의 작품세계를 구축할 수 있다는 것을 일깨워주기도 한다. 검은 장막이 드리워진 무표정한 얼굴은 말하지 않는 말을 하고 빛 아래에서 눈물처럼 진해지며 빛 뒤에서 보다 더 많은 말을 한다. 그들은 어디에나 있고 누구에게라도 머무른다. 그러나 유심한 마음으로 보지 않으면 결코 들을 수 없는 음성의 소유자인 그들, 그림자.

〈따뜻한 그림자〉

"유심한 마음으로 보지 않으면 결코 들을 수 없는 음성의 소유자인 그들, 그림자." 이게 바로 작가의 심미안이다.

그렇다고 이현희의 수필이 원숙의 경지라고는 말할 수 없다. 연령적으로 아직 중년이란 뜻이기도 하지만 오히려 이런 단계에 이르렀기에 이제부터 이현희의 수필은 시작된다고 할 수 있다는 근거는 "현실에서는 볼 수 없었던 따뜻한 그림자를 한 권의 책을 통해 먼저 만났다."는 대목에서 찾을 수 있다.

마크 레비의 장편소설 《그림자 도둑》의 주인공인 '나' 는 타인의 그림자를 훔칠 수 있는 특별한 재능을 가지고 있다. "자신과 타인의 그림자를 쓰윽 겹치기만 하면 된다. 심지어 그들과 대화도 가능하다. 그러나 여기에서 그림자를 훔친다는 것은 타인의 어둡고 슬픈 내면과 '나' 의 내면이 서로 공감하고 소통하는 것을 말함이다."

이 주인공이 그런 능력을 갖게 된 계기는 초등학교 때 부모가 이혼한 후 겪었던 불행(작가가 부모를 잃었을 때를 상기하시라)에서 "타인의 아픔까지 보고 들을 수 있는 마음의 눈과 귀를 가지게 된 것이다."

그러므로 그림자 도둑이란 실은 우리들 다친 마음의 위로자이며 속 깊은 친구, 그리고 인생의 멘토라 할 수 있다.

〈따뜻한 그림자〉

수필기법으로서는 전시회나 문학작품을 통한 작가의식의 추구가 현학적(衒學的)인 분위기를 통한 독자들의 감동 유발로 흔히 동원되는 보조 재료들이다. 그러나 아무리 금쪽같은 자료나 일화를 인용해도 수필문학에서는 자신이 현실 속에서 부대끼고 살아가면서 찾아낸 구리조각이 더 소중하다.

이현희의 수필세계도 이런 뜻에서 〈따뜻한 그림자〉의 발견이 앙리 카르티에-브레송의 사진이나 마크 레비의 장편소설 《그림자 도둑》이 아닌 자신의 체험, 5월 새벽의 빗소리에서처럼 자신의 삶 속에서 우러나오는 경지로 진입하게 되면 공감대와 예술성이 한층 돋보일 것이다. 다행스럽게도 이 글 후반부가 인용만이 아닌 발리의 체험담으로 뒷받침하기에 실감이 한결 값지다.

문득, 나에게 묻는다. 지금껏 살아오면서 사랑하는 가족과 지인들, 또는 새로 맺은 인연들에게서 그들의 눈물 젖은 혹은 피 흘리는 그림자를 외면하진 않았는가. 그들이 주는 빛만 보려고 하진 않았는지. 누군가의 가장 절박한 순간에 그들의 어두운 그림자를 이해하고 공감하며

소통하려는 마음. 그래, 단 한번이라도 그림자 도둑이 되어본 적이 있었던가.

〈따뜻한 그림자〉

바로 문학이 설 자리가 이런 게 아니던가. 이론으로만 구축되는 게 아니라 삶 그 자체에 용해되어 실천을 통한 체험 위에서 재구성 될 때 걸작은 탄생될 것이다. 그림자처럼 달도 따뜻한 연유가 바로 이래서 합리성을 지니게 된다.

3. 빛의 미학

〈침묵하라, 그러면 보일지니〉도 이런 그림자 미학론의 연장선에 위치한다.

"12월의 덕수궁에는 겨울나무들이 빈 그림자로 누워 있었다."라는 서두에서 우리는 이미 익히 알고 있는 예의 이현희 작가의 '그림자'를 또 만나게 된다. 그 그림자는 "나무는 제 삶의 고단함을 털어놓는 바람에게 계절이 주고 간 서글픈 기억일랑 이제 그만 다 잊으라 말해주고 있었다."

그 나목의 사연 많은 컬러판 추억을 이 작가는 소

나무 전문 사진작가 배병우의 전시회를 통해 조명한다. "배병우의 사진은 빛으로 그린 추상화이자 수묵화이며 이들이 함께 어우러진 가운데 그만의 독창적이고도 사색적인 그림을 사진으로 그려내고 있다는 것"에 이현희는 감동한다. 그림자의 작가가 이제 그림자의 어버이 격인 빛에서도 감동을 느낀 것이다.

빛과 그림자를 어우르는 미학적인 기교 앞에서 이현희는 "문학적으로 본다면 짧고 간결한 글 속에 깊은 울림이 담긴 한 편의 수필"을 연상한다. "많은 말을 하지 않는 가운데 깊은 생각을 전하고 긴 여운이 도는 그 끝에 독자의 공감과 생각이 보태지는 좋은 글", "침묵하고 사색하라!"는 각성제는 그림자의 미학론에 다름 아닌데, 굳이 보탠다면 '침묵' 보다는 진솔한 '삶의 실천' 이 더 진정한 그림자 미학에 가깝다는 점이다. 더구나 수필문학은 읽고 쓰고 생각하기에 못하지 않게 아름다운 자신의 삶을 영위하는 게 아닐까.

이런 관점에서 볼 때 이현희 작가에게 탁월한 점은 예술가나 그들의 창조물인 예술작품을 통한 빛과 그림자 찾기의 명수라는 점이고, 이와 대조적으로 약한 고리는 현실 생활 속에서 보듬어내는 보통 사람들의 땀 냄새와 눈물의 짠 맛이다. 어쩌면 그림자와 빛의 미학을 통해 이현희는 이제부터 '예술 속의 나의 수필 구축' 에 뒤지지 않게 '삶 속의 나의 예술 창조' 를 이룩할 전환기를 맞을 수 있을 것이다.

그 전환기의 싹은 〈몰입은 연애다〉에서 찾을 수 있다. "떠날 채비를

마친 겨울이 마지막 단추를 채우고 자리에서 일어선다. 예의상 저만치서 기다리고 서있는 봄을 이제 그만 들여놔야겠다." 라고 작가는 겨울이 가고 봄이 오는 자연의 섭리를 풀어준다. 이런 묘사 속에는 빛과 그림자의 교차가 반드시 따뜻하고 차갑다는 감각적인 차이를 동반하지 않고 그 반대일 수도 있다는, 위에서 보아왔던 상호 교직되는 우주의 신비감을 담아낸다. 그렇다. 겨울에 꽃이 피고 봄에 질 수도 있다는 게 이현희의 빛과 그림자의 따스함과 차가움의 교직된 미학이 아니던가.

그러나 이현희에게 정작 중요한 것은 이런 게 아니라 "예술의 전당에 위치한 한가람 미술관에서 기다리던 사진 전시회가 열린다"는 사실이다.

바로 '유섭 카쉬(Yousuf Karsh) 인물 사진전' 이다. "사진을 찍을 때 그들의 내면까지 들여다보는 통찰력으로 모델과 자신의 영혼" 까지 담아낸다는 까쉬를 통하여 이현희는 성녀 마더 테레사가 "당신은, 잘 살아가고 있습니까?" 라고 단도직입적으로 던지는 질문과 마주한다. 작가는 "나는 답을 할 수가 없었다. 그저 눈물이 고이는 대로 둘 밖에는." 이

라고 쓴다. 이 눈물은 무엇을 의미하는 것일까.

보스톤 미술관에 전시되어 있던 그 사진을 보러 매일 찾아다니던 노신사가 있었다. 어느 날 큐레이터가 묻는다. "왜, 늘 이 사진 앞에 서 계시는 건가요?" 그러자 그 노신사분은 방해받은 것처럼 이렇게 말했다. "당신은, 지금 내가 음악을 듣고 있는 게 안 보이는가?"

이 실화가 적혀져있는 안내서를 읽으며 난 그가 왜 그 사진 앞에 늘 서 있었는지를 알 것 같았다. 그러나 그가 들었던 음악까지 마음으로 들을 수는 없었다. 그래서 사진속의 그 첼리스트와 카쉬를 내 집에 초대하는 심정으로 비록 오리지널 프린트가 된 원본은 아니지만 그 사진을 한 점 구입했다.

〈몰입은 연애다〉

사진을 통해 음악을 들을 수 있는 경지란 그늘이나 낮달에서 따스함을 느끼는 거나 진배 없다.

이 몰아의 경지를 작가는 "책과 그림, 그리고 사진. 더불어 글쓰기와의 볼입은 내게 일종의 연애 감정에 다름 아니다."라고 병치시킨다. 몰아의 기준은 "남편과 연애할 때"에 견주는데, 그건 "최고의 몰입과 적당한 부담감, 그리고 충분한 만족감이 주던 그 기쁨"으로 요약된다. 몰아라고 황홀하기만 할까. "유의할지니, 연애의 황홀함 속엔 언제나 아

픔도 도사리고 있느니."라고 작가는 어른스럽게 토를 달지만 아무래도 아직은 작가 자신이 몰입으로 받을 황홀 못하지 않게 아픔도 느낄 만큼 민감한 것이 아닌지 모르겠다. 그러나 단연컨대 이 작가에게는 그 아픔이 오히려 황홀이며 또한 작가정신의 성장통이란 사실이다. 그만큼 이현희에게는 미래가 더 중요하다는 뜻이기도 하다.

4. 스탕달 신드롬의 감수성

문학예술은 영혼의 풍요와 함께 아름다운 형상성을 필요로 한다. 백만 번의 웅변보다도 조용히 눈처럼 내리는 심미적인 고백이 더 감동적이라는 말은 수필문학의 진수에 해당된다. 바로 기교가 얼마나 중요한가를 일깨워주는 작품이 〈눈은 사르락, 슬픔은 펑펑〉이다.

2009년 연말부터 2010년 겨울이 사라질 때까지의 눈 내리는 풍정을 소녀적인 감성으로 점묘(點描)한 이 글은 눈처럼 맑다.

2009년 12월의 어느 날, 첫 눈이 왔다.

'언니, 눈이 와요.' * *

** * * *

* * *

* 아는 후배가 보내 온 핸드폰 편지.

〈눈은 사르락, 슬픔은 펑펑〉

이어 작가는 이렇게 코멘트를 단다. "20대의 그녀에게선 처음이라는 것에 대한 설렘과 반가움이 훅 끼쳐오는데 같은 시간, 같은 눈을 바라보던 마흔 둘의 나는 이러저러한 이유로 마음이 서걱대고 있는 중이었다."

그러다가 2010년 1월 4일, 늦잠에서 깨어나 바라본 눈은 이렇게 사선처럼 펼쳐진다.

/ / /

/ // / / //

/ // // / / 내린다.

〈눈은 사르락, 슬픔은 펑펑〉

이제 겨울의 꼬리가 쳐진 2월에 또 다른 눈을 맞는 걸 작가는 이렇게 표현한다.

2010년, 2월 12일. 다시 눈, 마치 4월의 벚꽃이 흩날리듯

이.....................................

* * *

* * * *

* * 그랬다.

〈눈은 사르락, 슬픔은 펑펑〉

이어 2010년, 2월 18일에는 "'쉿! 소리 내지마, 사람들이 깬다니까.' 누군가가 소곤대는 소리"로 눈이 내렸고, 3월 1일에는 "물기를 흠뻑 머금은 눈이 거센 몸짓으로 대지와 수목들 사이를 휘젓고 다녔다." 그리고 마지막으로 3월 9일, 겨울이 벌써 떠난 줄 알고 "지인들과 만나 하루 내내 봄을 얘기하고 돌아온 게 민망하도록 이 밤, 흐느끼는 눈발들. 차마 남은 미련이련가. 아직도 저리 펑펑 우는 겨울의 내력은 대체 무엇일까."

겨울이 저렇게 지나갔구나. 다시 찾아온 여름의 한복판에서 나는 지금 딱 그 겨울의 심정이다. 사르락, 사르락, 잦은 슬픔이 내리고 있다. 또 펑펑.

*

*　　*

*　　*　　*　　*

〈눈은 사르락, 슬픔은 펑펑〉

이만한 기교면 눈의 판타지로 우리 수필문학사에서 주목할 만하지 않는가.

이현희 작가의 심미안을 이루고 있는 여러 가지 요인 중 바탕이 되는 감성은 〈스탕달신드롬을 아시나요〉에서 읽을 수 있다.

스탕달신드롬(Stendal Syndrome)이란 그의 기행문 《나폴리와 피렌체–밀라노에서 레조까지의 여행》에서 썼던 기이한 예술체험에서 유래한다. 즉 피렌체 여행 중 "산타크로체 성당을 떠나던 순간 갑자기 깊은 황홀경에 빠져든 채 주저앉아 버렸다."는 사실에서 발단한다. 그 뒤 "유명한 미술품이나 예술 작품을 접했을 때 가슴이 뛰거나 정신적 일체감, 격렬한 흥분과 감흥 등의 공황상태" 현상을 일컫는 술어로 정착된 것이다. 이 이질적인 감정을 피렌체의 정신과 의사 그라치엘라 마게리니가 '스탕달 신드롬' 이라고 부른 데서 연유한 것인데, 단도직입적으로 말하면 본인은 부정하지만 이현희에게도 이런 심미안이 작용한다는 사실이다.

그 스탕달 신드롬이 어쩌면 이현희로 하여금 〈광대이자 예술인인 공

옥진을 말하다〉를 비롯하여, 미국 최고의 패션 사진가 버트 스턴(Bert Stern)이 촬영한 누드 사진에 비친 시대의 섹시 아이콘 마릴린 먼로(Marilyn Monroe)의 삶을 저인망식으로 그린 〈36세에서 삶이 멈춘 여자〉, 최진실의 장례식장엘 다녀오면서 그 쓰라림을 그린 〈진실이 진 자리에〉와 같은 글을 쓰게 내몰았을 것이다.

세 여인이 다 자신에 충실했고 최선을 다했으며 그 분야에서 얻을 수 있는 영광을 다 누렸지만 이를 빛과 그림자의 잣대로 바라보는 작가 이현희의 시선에는 그리 행복했다는 평가가 나오지 않는다. 그만큼 인생은 살기 어렵고 예술은 더 오묘하고 멀고 어렵다.

이현희의 예술적 탐구욕은 끝이 없다. 작품 〈시인 박노해를 만나다〉에서는 그의 시와 함께 사진작가 박노해를 만날 수 있고, 〈꼭 기억 해야겠다〉에서는 평화주의 화가이자 나체주의자로 고독하고 자유로운 영혼의 여행가이자 건축가, 환경운동가인 프리덴스라이히 훈데르트바서(Friedensrei Hundertwasser)의 페인팅과 그래픽, 태피스트리,

건축 모형 전시실을 기웃거리게도 한다.

이렇게 고상한 품격을 유지하던 이 작가가 느닷없이 〈난 조영남 팬이다, 그러나〉에서는 그의 화투 그림 전시회 타령을 늘어놓는 익살을 부리기도 한다.

그러나 작가적 체험이 흠씬 스며있는 〈내가 기억하는 작가 박민규〉에서 이현희는 다시 자신의 페이스를 되찾는다.

박민규는 우리 반의 반장이었다. "얘들아! 내가 재미있는 이야기 해줄 테니까 다들 쉿!" 그러자 여기 저기 돌아다니며 왁자지껄하던 반 친구들은 일순간에 거짓말처럼 조용해졌다. 매일 아침 담임선생님이 오시기 전에 친구들을 조용히 시킬 요량으로 그 애가 선택하는 방법은 늘 이야기보따리를 풀어놓는 일이었다. 그 아이는 자신의 얘기에 집중하도록 만드는 탁월한 재주가 있었다. 심지어 나도 다 읽었던 동화책마저 자신만의 독특한 상상력과 표현력으로 마치 다른 이야기처럼 재구성하였다. 뿐인가. 나는 미처 해보지 못했던 생각과 가보지 않았던 상상의 세계로 나를 데려다 놓곤 했다. 그 시절 이미 난 어린 작가에게 푹 빠져 그의 열렬한 독자가 되어 있었던 것 같다.

〈내가 기억하는 작가 박민규〉

작가 박민규와 함께했던 어린 시절에 대한 회억은 수필가 이현희에

게 각별하다. 그의 창작혼을 통해 자신의 창작열을 간접적으로 점검하는 형식을 취한 이 글은 문학을 통하여 자신의 인생을 되짚어봄과 동시에 동창 작가에 대한 친근감이 함께 묻어난다.

이렇게 많은 예술작품을 섭렵하면서도 이현희의 감성은 결국 빛과 그림자로 모아진다. 즉 《상실의 시대: 원제 노르웨이의 숲》에서 이현희가 마지막 대목에서 쓴 대목은 "이제 난 심장이라는 노트에 이렇게 쓴다." 면서 밑줄을 긋듯이 역점을 찍는 다음과 같은 말이다.

글, 너는 나의 빛 그리고 그림자. 그럼에도 불구하고 아직은 선뜻 할 수 없는 사랑고백. 하지만 어느 비 내리는 날 문득 너에게 전화를 걸지도 모르겠다. 온 세계에서 내가 원하는 것은 너 밖에 없다고.

〈나는 너에게 반했다〉

바로 빛과 그림자, 그 따스함과 차가움의 공존이자 교차점의 미학의식이다.

5. 맺는 말

이제 마지막으로 이 수필가의 내밀한 사생활을 기웃거릴 차례가 되었다. 이현희는 너무도 정직하게 고해성사라도 하듯이 부군을 만나서 결혼, 시댁, 신혼, 결혼기념일 행사, 여행, 애완견 기르기 등등을 자상하고 서정미 넘치며 익살까지 섞어 그려주고 있다. 〈나무가 화분이 된 사연〉은 "프랑스에서 성악을 공부 중이던 H"가 "웬 파란 눈의 백인 남자"를 소개, 굽이굽이를 돌아 "후에 그는 미래의 내 남편"이 되기까지의 개요다.

주위의 반대와 걱정으로 무겁디무거운 마음과 그와 함께할 미래에 대한 기대감, 그리고 한국에서 29년 동안 뿌리내린 나를 커다란 화분에다 옮겨 담았다. 내 님의 날개 위에 그 모든 것을 싣고서 우린 시카고로 날아올랐다.

〈나무가 화분이 된 사연〉

한국적 나무에서 미국산 화분으로 신분증을 갱신한 여인의 삶은 경쾌하게 전개된다.

"오월의 신부가 되어 꿈같은 신혼을 보내며 미국에서는 남편과 시댁의 어린 새싹 같은 화분처럼 살았고 남편을 따라 주재원 생활을 하게 된 영국에서는 여전히 손이 많이 가는 어린 꽃 화분이 되었다."

그러기에 "이 글을 쓰며 지난 13년간의 결혼 생활을 돌아보니 사랑위에 미운 정 고운 정이 더해져 남편이자 연인이며 친구이고 때론 자식 같은 나의 신랑을 만난 것은 준비되어 있던 우연과 선택이 낳은 남편과 나의 운명이었다."는 고백이 이해가 됨직하다.

〈숲 속의 공주와 노란 섬〉에서는 "신혼의 한 가운데에 있는 대부분의 여자들은 다 공주고 꽃이다."는 전제 아래서 "한국을 떠나 시카고"로 가서 근교의 알링턴 하이츠(Arlington Heights)라는 백인이 주류를 이루는 지역에 뿌리 내리는 과정을 서정성 짙게 스케치한다. 그러나 국제결혼은 언제나 문명의 갈등과 함께 한다. 이 글에서는 "my car", "my house", "my money"라는 단어를 쓸 때마다 5불씩 벌금으로 내기로 했다든가, "이 집과 자동차와 은행통장, 그리고 그가 대학생 때부터 투자해온 뮤추얼 펀드를 비롯한 모든 투자처에 남편과 함께 공동명의로 변경해 달라."는 신부의 당당함은 이현희니까 가능했었겠구나 하는 대담성도 느껴진다.

신랑의 신부 이해가 각별한 건 이 정도면 알겠는데, 시어머님 이야기가 〈내게 봄 같은 사람〉에 이어

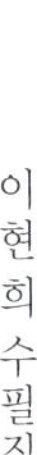

진다. 한국인 며느리의 외로움을 덜어주고자 한인 성당을 수소문해서 다니도록 해준 대목에서는 동서양의 차이를 넘는 고부간의 정을 느끼게 해준다.

화분이었던 신부가 그 적잖은 연륜 속에서 부군과 함께 지구 위의 여러 나라를 떠돌면서 어디든지 뿌리를 내릴 정도로 대지의 흡착력과 다른 토양에서의 적응력이 진화된 터이기에 부부 사이의 사소한 다툼인 〈좁쌀 신랑〉이나 〈7월은 지금 샤워 중〉, 〈참 다행이다〉, 〈붉은 눈물의 기념일〉 등등은 여유와 유머가 넘치는 글로 승화되어 있다. 여기에다 "올해 여섯 살. 붉은 갈색 빛이 도는 우리 집 개" 인 암컷 닥스훈트(이름이 순대)를 다룬 글 〈순대와의 전쟁과 평화〉는 이 작가의 삶의 단층이 투명하게 드러나 있는 글이다.

첫 작품집은 설렘과 함께 출산한다. 그 설렘은 종점이 아니라 새로운 출발선이기 때문이다. 이 작품집은 이현희 작가에게 몇 년간 한국에 머물렀던 활동의 결산 형식이 될 것이다. 이제 미국에서도 모국어로 글을 계속 쓰는 작가로 활약해 줄 것을 기대해 마지않는다.